Tucholsky Wagner Zola Scott Sydow Freud Schlegel
Turgenev Wallace Fonatne
Twain Walther von der Vogelweide Fouqué Friedrich II. von Preußen
Weber Freiligrath Frey
Kant Ernst
Fechner Weiße Rose von Fallersleben Richthofen Frommel
Fichte
Engels Fielding Hölderlin Tacitus Dumas
Fehrs Faber Flaubert Eichendorff
Eliasberg Ebner Eschenbach
Feuerbach Maximilian I. von Habsburg Fock Eliot Zweig
Ewald Vergil
Goethe Elisabeth von Österreich London
Mendelssohn Balzac Shakespeare Dostojewski Ganghofer
Lichtenberg Rathenau Doyle Gjellerup
Trackl Stevenson Hambruch
Mommsen Tolstoi Lenz Droste-Hülshoff
Thoma Hanrieder
Dach von Arnim Hägele Hauff Humboldt
Verne
Reuter Rousseau Hagen Hauptmann Gautier
Karrillon Garschin Baudelaire
Damaschke Defoe Hebbel
Descartes Hegel Kussmaul Herder
Wolfram von Eschenbach Schopenhauer
Dickens Rilke George
Bronner Darwin Melville Grimm Jerome
Campe Horváth Aristoteles Bebel Proust
Bismarck Vigny Voltaire Federer Herodot
Gengenbach Barlach Heine
Storm Casanova Tersteegen Gilm Grillparzer Georgy
Chamberlain Lessing Langbein Gryphius
Brentano Lafontaine
Strachwitz Claudius Schiller Kralik Iffland Sokrates
Bellamy Schilling
Katharina II. von Rußland Gerstäcker Raabe Gibbon Tschechow
Löns Hesse Hoffmann Gogol Wilde Gleim Vulpius
Luther Heym Hofmannsthal Klee Hölty Morgenstern
Roth Heyse Klopstock Kleist Goedicke
Luxemburg Puschkin Homer Mörike Musil
La Roche Horaz
Machiavelli Kierkegaard Kraft Kraus
Navarra Aurel Musset Lamprecht Kind Kirchhoff Hugo Moltke
Nestroy Marie de France
Laotse Ipsen Liebknecht
Nietzsche Nansen
Marx Ringelnatz
von Ossietzky Lassalle Gorki Klett Leibniz
May vom Stein Lawrence Irving
Petalozzi
Platon Knigge
Sachs Pückler Michelangelo Kock Kafka
Poe Liebermann Korolenko
de Sade Praetorius Mistral Zetkin

La maison d'édition tredition, basée à Hambourg, a publié dans la série **TREDITION CLASSICS** des ouvrages anciens de plus de deux millénaires. Ils étaient pour la plupart épuisés ou uniquement disponible chez les bouquinistes.

La série est destinée à préserver la littérature et à promouvoir la culture. Elle contribue ainsi au fait que plusieurs milliers d'œuvres ne tombent plus dans l'oubli.

La figure symbolique de la série **TREDITION CLASSICS**, est Johannes Gutenberg (1400 - 1468), imprimeur et inventeur de caractères métalliques mobiles et de la presse d'impression.

Avec sa série **TREDITION CLASSICS**, tredition à comme but de mettre à disposition des milliers de classiques de la littérature mondiale dans différentes langues et de les diffuser dans le monde entier. Toutes les œuvres de cette série sont chacune disponibles en format de poche et en édition relié. Pour plus d'informations sur cette série unique de livres et sur l'éditeur tredition, visitez notre site: www.tredition.com

tredition a été créé en 2006 par Sandra Latusseck et Soenke Schulz. Basé à Hambourg, en Allemagne, tredition offre des solutions d'édition aux auteurs ainsi qu'aux maisons d'édition, en combinant à la fois édition et distribution du contenu du livre en imprimé et numérique et ce dans le monde entier. tredition est idéalement positionnée pour permettre aux auteurs et maisons d'édition de créer des livres dans leurs propres domaines et sujets sans prendre de risques de fabrication conventionnelles.

Pour plus d'informations nous vous invitons à visiter notre site: www.tredition.com

La Confession de Talleyrand, V. 1-5 Mémoires du Prince de Talleyrand

Charles Maurice de, prince de Bénévent
Talleyrand-Périgord

Mentions légales

Cette œuvre fait partie de la série TREDITION CLASSICS.

Auteur: Charles Maurice de, prince de Bénévent
Talleyrand-Périgord
Conception de couverture: toepferschumann, Berlin (Allemagne)

Editeur: tradition GmbH, Hambourg (Allemagne)
ISBN: 978-3-8491-3963-6

www.tredition.com
www.tredition.de

L'objectif de TREDITIONS CLASSICS est de mettre à nouveau à disposition des milliers d'œuvres de classiques français, allemands et d'autres langues disponible dans un format livre. Les œuvres ont été scannés et digitalisés. Malgré tous les soins apportés, des erreurs ne peuvent pas être complètement exclues. Nos partenaires et nous même, tredition, essayons d'aboutir aux meilleurs résultats. Toutefois, si des fautes subsistent, nous vous prions de nous en excuser. L'orthographe de l'œuvre originale a été reprise sans modification. Il se peut que ce dernier diffère de l'orthographe utilisée aujourd'hui.

LA CONFESSION
DE
TALLEYRAND

1754-1838

C'est là le vrai Talleyrand.
(*Le Figaro*, 7 mars 1891.)
1891

AVERTISSEMENT (p. v)

La *Confession de Talleyrand* a été composée avant la publication de ses *Mémoires*; le *Figaro* en a donné des fragments anecdotiques dans son *Supplément littéraire* du 7 mars 1891, et l'Épigraphe du journal résume l'esprit du livre: *C'est là le vrai Talleyrand.*

Le lendemain, le *Figaro* publiait la lettre suivante de M. de Broglie:

Monsieur, je lis dans le *Supplément du Figaro* de ce matin, 7 mars, un article intitulé: *Confession de M. de Talleyrand au diable* et signé Talleyrand.

Ce document n'a aucun caractère d'authenticité. Vous me permettrez d'en avertir vos lecteurs, bien que je croie qu'ils n'ont pu se faire d'illusion à cet égard.

Veuillez, etc.
Broglie
7 mars 1891.

Cette (p. vi) lettre était suivie de ce commentaire du *Figaro*:

M. le duc de Broglie nous semble prêter un peu trop de naïveté à nos lecteurs. Tout le monde a parfaitement compris que nous avons publié un simple pastiche, fruit de longues recherches à travers les bibliothèques d'histoire et de mémoires, et composé avec des extraits de tout ce qui a été écrit par et sur Talleyrand.

Il n'entrait pas dans la pensée de l'auteur de donner la *Confession de Talleyrand* comme un manuscrit original. Cette curiosité littéraire n'était pas non plus son premier ouvrage en ce genre, et si la Comédie-Française avait joué, comme elle l'avait promis, *Le Mariage d'Alceste*, comédie qu'on a appelée *Le Sixième acte du Misanthrope*, on aurait trouvé tout naturel qu'après un pastiche en vers de Molière, il ait eu la fantaisie de composer un pastiche en prose de Talleyrand. Mais puisque M. de Broglie a cru devoir enlever cette illusion au public, qui en a si peu, nous profiterons à notre tour du droit de réponse pour éclairer la question.

Les *Mémoires de Talleyrand* devaient paraître trente ans après sa mort, c'est-à-dire, le 17 (p. vii) mai 1868. L'ajournement indéfini de leur publication mit les chercheurs sur la piste de tous les documents qui pouvaient donner quelque aliment à la curiosité du public, et à défaut des *Mémoires*, la vie et la carrière du diplomate ont été divulguées sous toutes les formes d'études historiques, littéraires et biographiques, ou de révélations personnelles.

Un article du *Times*, du 29 mai 1890, fut reproduit dans le *Figaro* du 30 mai, précédé de la note suivante:

M. de Blowitz publie dans le *Times* un article fort intéressant sur les *Mémoires de Talleyrand*. Son but est non pas de déflorer le dépôt dont M. le duc de Broglie a reçu la garde après feu Andral, mais de prouver, par quelques citations qui seront continuées, que les détenteurs de ces fameux mémoires ne sont plus les maîtres d'en priver leurs contemporains. H. de Blowitz a-t-il eu connaissance du manuscrit de ces *Mémoires* qui existe, paraît-il, en Angleterre, et dont une copie seulement existe et France? Cela semble probable. En tout cas, son initiative nous permet de fournir des indications précises sur une œuvre qui sollicite depuis si longtemps la curiosité des lettrés.

L'indiscrétion du *Times* eut pour effet de provoquer une protestation de M. de Broglie, où il (p. viii) annonça enfin l'apparition des *Mémoires de Talleyrand*. Cette note fut suivie de la lettre suivante, insérée dans le *Figaro*:

La publication de fragments des Mémoires de M. de Talleyrand, faite dans le numéro du *Times* du 20 mai et reproduite dans le numéro du *Figaro* du 30, a donné lieu à divers commentaires dans les organes de la presse.

Vous avez déjà bien voulu protester, au nom des légataires des papiers de M. de Talleyrand, contre la forme donnée à cette publication.

Quelques éclaircissements de plus, à cet égard, me paraissent indispensables, et je vous serais obligé de les porter à la connaissance de vos lecteurs.

Tous les papiers de M. de Talleyrand ont été légués par lui à sa nièce, madame la duchesse de Dino, qui les a transmis par testament à M. de Bacourt, ancien ambassadeur, qui avait rempli le poste de premier secrétaire pendant l'ambassade du prince à Londres. M.

de Bacourt, à son tour, les a légués à MM. Andral et Chatelain, et M. Andral m'a désigné comme légataire de la part de cette propriété qui lui appartenait.

Aucune partie de ce legs n'a pu en être distraite sans le consentement des propriétaires.

Nous ignorons donc absolument, M. Chatelain et moi, quelles peuvent être la nature et l'origine du manuscrit dont l'auteur de l'article du *Times* a eu connaissance.

Tous ceux qui ont été en relation avec M. de Talleyrand lui-même ou ses héritiers savent que beaucoup des papiers du (p. ix) prince avaient été dérobés, de son vivant, par un secrétaire infidèle qui, ayant acquis l'art de contrefaire habilement son écriture, ne s'est pas fait scrupule de les altérer et d'y mêler des pièces entièrement fausses.

Le fait est rapporté avec des détails tout à fait exacts dans le fragment des Souvenirs de M. de Barante inséré dans le numéro du 15 mai de la *Revue des Deux-Mondes*, et il suffit pour mettre les lecteurs en garde contre tous les documents de source inconnue qui pourraient être mis en circulation sous le nom de M. de Talleyrand.

D'ailleurs, les dispositions testamentaires de M. de Talleyrand sont si explicites qu'aucun de ses papiers ne peut être publié sans le concours de ses légataires. Tout essai de publication de ce genre serait légalement interdit.

Broglie.
2 juin 1890.

Grand' Maman,—c'est le nom du *Times* dans la Cité,—n'a pas l'illusion de croire qu'il a eu la primeur des *Mémoires de Talleyrand*. Bien d'autres avant lui ont eu cette bonne fortune, et les *Mémoires de Madame de Rémusat* en ont donné un avant-goût.

La constante préoccupation du Prince-diplomate a été le *kant* anglais: «*Je n'ai qu'une peur, c'est celle des inconvenances.*» Cette crainte, *Canaille, (p. x) tant qu'on voudra, mauvais genre, jamais*, a été le principe de ses actes et la règle de sa vie, et sa fin ne l'a pas démentie: «M. de Talleyrand est mort en homme qui sait vivre.»

Il était facile de prévoir que ses *Mémoires* montreraient une figure de cire, le masque blafard du comédien politique sur la scène et du courtisan gentilhomme en costume de cour, engoncé dans l'entonnoir blanc d'un vaste col émergeant de la haute cravate du Directoire, comme un bouquet fané dans son cornet de papier, avec la grimace figée d'un singe sacerdotal, la pose disloquée d'un clown glacial, arrangé, coiffé, grimé, la quille raide devant l'histoire et la postérité, sur le seuil du vingtième siècle. Cette prévision s'est réalisée, et ces souvenirs du Vétéran de la diplomatie ne sont autre chose que le Mémorial des cours européennes, le Bulletin des cabinets et les Annales des chancelleries.

Si on veut connaître Talleyrand, il ne faut pas le chercher dans la *Copie* de ses *Mémoires*, il n'y est pas, et il ne sera pas davantage dans le *Manuscrit autographe*, s'il se retrouve, mais dans les (p. xi) Mémoires et les Souvenirs de ses contemporains, qui l'ont connu et qui l'ont jugé. C'est là que nous l'avons découvert, comme on peut s'en assurer en consultant les ouvrages suivants:

Extraits des Mémoires de Talleyrand (Apocriphes). Paris, 1838.— *Mémoires tirés des papiers d'un Homme d'État.—Mémoires* de Châteaubriand, Beugnot, Madame de Rémusat, Rovigo, Rœderer, Mio de Mélito, Guizot, etc.—Méneval, *Napoléon et Marie-Louise.—* Capefigue, *Les Cent-Jours* et *Les Diplomates européens.*—Divers historiens: Louis Blanc, *Histoire de dix ans*; Thiers, *Le Consulat et l'Empire*, etc.—Barante, *Études historiques.*—Mignet, *Notices et Portraits. Éloge académique de M. de Talleyrand.*—Salle, *Vie politique du Prince de Talleyrand.*—Dufour de la Thuilerie, *Histoire de la vie et de la mort du Prince de Talleyrand.*—L. Bastide, *Vie politique et religieuse de Talleyrand.*—F. D. Comte de ***, *Le Prince de Talleyrand.*—Gagern, *Ma part dans la politique, Talleyrand et ses rapports avec les Allemands.*— Lamartine, *Cours familier de littérature, M. de Talleyrand.*—Sainte-Beuve, *Monsieur de Talleyrand.*—Sarrat et Saint-Edme, Loménie, Rabbe, etc.—*Le Prince de Talleyrand et La Maison d'Orléans.*—Le *Journal de Thomas Raikes*, Londres, 1857.—*Essai sur Talleyrand*, par sir Henry Lytton-Bulwer, etc.

Dans sa *Confession*, il se laisse voir en déshabillé, en *chenille*, tel qu'il est, à visage découvert et en pleine lumière, et non comme il se présente, maquillé, (p. xii) dans le demi-jour discret d'un salon de douairière. À côté de l'histoire morte, solennelle et menteuse des *Mémoires*, elle offre la chronique vivante, naturelle et vraie des confidences; il dit tout ce qu'il devait taire, il révèle tout ce qu'il devait tenir à dissimuler, en vertu de son principe d'hygiène: «*Le grand jour ne me convient pas.*»

Ce n'est pas seulement le pastiche d'une Autobiographie, c'est le Roman mouvant et vivant des Hommes et des Choses du dix-huitième et du dix-neuvième siècles, au milieu desquels il a vécu, de 1754 à 1838, de Louis XV à Louis-Philippe. C'est aussi la notation historique de la partie d'échecs jouée sur le damier européen par la France républicaine contre la coalition des monarchies, dans une série de combinaisons présentées sous une forme substantielle et condensée, claire et rapide, qui marquent à vol d'oiseau tous les jalons de l'histoire contemporaine, toutes les phases de la carrière accidentée et les évolutions de la vie politique de Talleyrand.

Si (p. xiii) la *Confession de Talleyrand* n'est pas authentique, elle a pour elle une qualité qu'il serait difficile de lui contester, l'exactitude, la vérité et la franchise de son origine. C'est une mosaïque composée d'éléments épars de toutes les couleurs, rassemblés, groupés et fondus dans un dessin général, de façon à produire le trompe-l'œil d'une *Autobiographie*; il a paru d'un relief assez saisissant pour être offert aux lecteurs du *Figaro* sous le pavillon de Talleyrand, et la lettre de M. de Broglie n'aura d'autre résultat que de provoquer le développement de cette *Préface*, où l'auteur se serait borné à avertir le lecteur d'un procédé littéraire en usage chez les écrivains anciens et modernes.

On refuse donc à la *Confession de Talleyrand* un caractère d'*authenticité* à laquelle l'auteur n'a jamais songé; il aurait, en vérité, trop beau jeu pour contester cet avantage aux *Mémoires du Prince de Talleyrand*.

La presse, qui est l'arsenal de l'opinion publique, a constaté la déception profonde qui a suivi (p. xiv) leur apparition, et ce n'était vraiment pas la peine de laisser moisir pendant cinquante-trois ans ces lourds et indigestes tomes plus ou moins historiques.

Après avoir roué ses contemporains pendant sa vie et essayé de rouer Dieu lui-même le jour de sa mort, Talleyrand n'a pas roué les hommes d'un siècle trop vieux pour le lire; mais on peut dire qu'il les a profondément ennuyés, ce qui doit être compté comme une suprême mystification de ce *Mercadet* diplomatique surfait, que Châteaubriand a démasqué, percé à jour et marqué d'infamie.

Non seulement ses *Mémoires* sont insignifiants et vides, sans valeur et sans intérêt; mais ils sont faux. Ils commencent par un mensonge parfaitement inutile sur son infirmité, qu'on ne lui aurait assurément pas reproché de passer sous silence.

Et non seulement ils sont faux, mais ils ne sont pas *authentiques*, et nous usons simplement du droit d'historien pour résumer la polémique générale (p. xv) des journaux par les Questions suivantes:

M. de Broglie a-t-il le *Manuscrit autographe* des *Mémoires de Talleyrand*?

Non. Il est le légataire d'un legs qui n'existe que sous bénéfice d'*authenticité*, ou qui n'existe pas du tout.

Le Manuscrit autographe de Talleyrand existe-t-il?

On l'ignore.

Quel est le Manuscrit dont le *Times* a donné des fragments? Quel en est le détenteur qui l'a communiqué? Pourquoi la publication a-t-elle été interrompue?

Mystère.

Les *Mémoires* ont été imprimés d'après une *Copie* de la main de M. de Bacourt, formant quatre volumes reliés en peau.

M. de Bacourt a-t-il transcrit le *Manuscrit autographe*, le texte original? Sa copie est-elle complète, fidèle et littérale? Est-ce une version tronquée, arrangée et interprétative?

Cruelle énigme.

M. (p. xvi) de Bacourt a-t-il détruit le Manuscrit autographe de Talleyrand? De quel droit, en vertu de quelle disposition?

Dans cette hypothèse, c'est que la copie n'était pas conforme à l'original, et qu'il en faisait ainsi disparaître la preuve.

On sera bien avancé quand on aura contemplé, dans une Bibliothèque, les quatre volumes en peau de l'écriture de M. de Bacourt.

Ils doivent être tenus en suspicion tant qu'on ne pourra pas collationner sa *Copie* avec l'*Original* de Talleyrand.

Voilà ce qu'il faut savoir et ce qu'on ne dit pas. Voilà la Question, et il n'y en a pas d'autre.

Les *Mémoires de M. de Bacourt* n'intéressent personne; ce ne sont pas là les *Mémoires de Talleyrand*. M. de Broglie répond à cela: «*La plus belle fille du monde ne peut donner que ce qu'elle a.*» Erreur: *Elle donne ce qu'elle n'a pas ou ce qu'elle n'a plus.* Le manuscrit autographe, c'est le *Capital*; la copie, ce n'est pas même l'usufruit ou le revenu.

D'où (p. xvii) je conclus que si la *Confession de Talleyrand* n'est pas *authentique*, les *Mémoires du Prince de Talleyrand* le sont encore moins.

Lamartine a dit sentimentalement:

Son cercueil est fermé, Dieu l'a jugé, silence!

Ce silence, est-ce bien Talleyrand qui vient de le rompre? C'est à lui qu'on doit la formule devenue un axiome de loi: *La vie privée doit être murée.*

La mort ne l'est pas.

LA CONFESSION DE TALLEYRAND

MA CONFESSION (p. 001)

Pourquoi j'écris mes souvenirs.

J'écris ces Souvenirs intimes pour moi, pour mon agrément, je dirais pour nuire à l'histoire de mon temps, et peut-être à la mienne, s'ils étaient destinés à me survivre; mais ils disparaîtront avec moi.

On m'a rapporté un mot de mon voisin de campagne, le Grand Bourgeois, M. Royer-Collard: «*Monsieur de Talleyrand n'invente plus, il se raconte.*» Si j'ai inventé, je n'en tire aucune vanité, et (p. 002) à l'âge auquel je suis arrivé, on ne vit guère que de souvenirs.

J'aime à raconter, je radote même assez volontiers, et mademoiselle Raucourt l'a fort bien dit au foyer de la Comédie-Française: «Si vous le questionnez, c'est une boite de fer-blanc dont vous ne tirerez pas un mot; si vous ne lui demandez rien, bientôt vous ne saurez comment l'arrêter, et il bavardera comme une vieille commère.» À la bonne heure, voilà qui est franchement dit; mais je me permettrai de citer l'opinion de Dumont, qui écrivait à madame R. que j'étais «délicieux en voyage dans le petit espace carré d'une voiture fermée.»

Si ces notes étaient seulement destinées à me raconter, je les mettrais au jour; mais je n'en recueillerai ni la louange ni l'injure, et je n'ai jamais été mon propre thuriféraire.

Cependant ce n'est point sans une secrète satisfaction que je donnerais la clef de l'énigme de ma vie. Si l'hypocrisie venait à mourir, la modestie devrait prendre au moins le petit deuil.

Un doute m'arrête. Si je dis la vérité, qui voudra me croire? J'ai eu plus d'une fois l'occasion d'en faire l'expérience, et je songe à l'exorde du discours de Tibère au sénat romain: «Dois-je le dire? Comment le dire? Pourquoi le dire?»

Ma vie, au cours d'une longue carrière fournie jusqu'au bout sans arrêt, sans trêve, sans repos, agitée (p. 003) par une série ininterrompue de révolutions, a été si intimement liée aux événements que ma biographie sera la Chronique de l'Europe, et il est à remarquer que les événements historiques étonnent plus ceux qui les lisent que ceux qui en ont été les témoins, comme les souvenirs émeuvent davantage que les faits. Mais ce monde est un cercle vicieux; tout finit et tout recommence; on jouera toujours la même pièce, en politique comme en amour, avec d'autres décors et d'autres personnages. Les hommes et les choses ont changé avec moi depuis le temps où j'avais toutes mes plumes; j'en ai laissé un peu partout, des blanches et des noires, et il ne m'en reste plus guère qu'une pour en parler. Malgré tout, je ne me plaindrais pas d'avoir des souliers percés si j'avais les jambes d'aplomb, de manquer de pain si j'avais de l'appétit, d'être sans un sou vaillant si l'avenir était devant moi; enfin je ne me plaindrais de rien ni de personne si je n'avais passé le temps d'aimer.

Plutarque jugeait les hommes illustres, non d'après les actes de leur vie publique, où ils jouent un rôle comme des comédiens sur le théâtre, mais d'après les faits de leur existence journalière, où ils se montrent tels qu'ils sont. C'est ainsi que je me raconterai et que je raconterai les autres, en cicérone impartial d'une galerie où je figure dans une compagnie un peu mêlée, et où il convient de placer chaque (p. 004) portrait à sa place dans le cadre des événements qui vont se dérouler comme un tableau panoramique.

Voici le mien:

Ce jeune abbé de vingt ans est très élégant dans son petit collet; sa figure, sans être belle, est singulièrement attrayante par sa physionomie douce, impudente et spirituelle.

La miniature d'Isabey reproduit assez bien ce portrait à la plume de Madame du Barry.

Mon vrai portrait est celui où j'ai la perruque frisée, les yeux clairs, le nez pointu et retroussé, la lèvre plissée, et le menton sur la dentelle du jabot. C'est moi, *Satanas*[1].

Je sais à peu près ce qu'on pourra dire de moi dans un Éloge académique. Les opinions des cours, des salons et des journaux méritent d'être recueillies à titre de matériaux pour cette oraison funèbre:

Le (p. 005) dernier Représentant du dix-huitième siècle.
Le Patriarche de la politique.

Le Vétéran de la diplomatie.
Le Bourreau de l'Europe.
Le Singe de Mazarin.
Le Sosie du Cardinal Dubois.
L'Abbé malgré lui.
L'Évêque pour rire.
Le Bâtard de Voltaire.
La Demi-voix de Mirabeau.
Ésope en habit de cour.
L'Ambassadeur du Diable boiteux.
Le Moutardier du Pape.
Le Champion de l'Angleterre.
L'Impresario de Napoléon.
Le Cicérone d'Alexandre.
L'Évangéliste de la Restauration.
Le Porte-parapluie de Louis-Philippe, etc.

Mes patrons sont illustres, et le dilemme de Saint Charles Borromée aux évêques aura toujours son application:

«*Aut pares, aut impares*: Si vous êtes capables, pourquoi êtes-vous négligents; si vous êtes incapables, pourquoi êtes-vous ambitieux?»

Armes: De gueules à trois Lions d'or lampassés, armés et couronnés d'azur, la couronne de prince sur l'écu et la couronne ducale sur le manteau.

Devise de Famille: *Re que Diou.*

Il (p. 006) n'y a de roi que Dieu. Dieu seul est roi. Dieu est le Roi des Rois.

«Rien que Dieu», serait une interprétation erronée.

Ma Devise: *Par pari refertur.*

La pareille rendue par la pareille.—Œil pour œil, dent pour dent. À latin grec. Bon chat, bon rat.—C'est le Talion de la Loi de Moïse.

On me donne de l'Altesse. Je suis moins, et peut-être plus; on peut m'appeler Monseigneur, ou mieux, Monsieur de Talleyrand.

J'ai vu treize gouvernements: Louis XV, Louis XVI, la Révolution, la République, le Directoire, le Consulat, l'Empire et les Cent-Jours, le Gouvernement provisoire de 1814, les deux Restaurations,

Charles X, et Louis-Philippe, qui me regardait comme un augure. Je me donnai le plaisir de lui dire: «*Hé! hé! Sire, c'est le treizième.*» Et je comptais bien ne pas rester sur ce vilain nombre.

Quelque temps avant, j'avais rencontré le général d'Andigné dans un salon, et comme nous échangions quelques souvenirs du temps jadis, on ne disait plus le bon temps, je lui demandai combien de fois il avait été en prison.

—Douze (p. 007) fois.

—C'est précisément le nombre de mes serments; c'est étonnant comme les choses se rencontrent.

Le serment engage les actes et n'engage pas les convictions. C'est une contremarque qu'on prend dans une salle de spectacle afin de pouvoir y rentrer. L'homme absurde est celui qui ne change jamais. Renier une erreur, est-ce une apostasie? Toujours la même tige avec une autre fleur. Le Caméléon est l'emblème de la politique. La Diplomatie a pour devise le *Stylo et Gladio* des *Commentaires* de César. Je préférerais une Clef, ou la devise de Ninon: Une Girouette: «*Ce n'est pas elle qui change, c'est le vent.*» Toutefois il ne faut pas prendre la Girouette pour une boussole et la Rose des vents pour un tourniquet.

J'ai rendu à César ce qui était à la République et à Louis ce qui était à César. Je ne demande pas de compliment; mais si j'ai servi les pouvoirs sans m'attacher et sans me dévouer, j'ai servi la France sans sacrifier ses intérêts aux gouvernements qui lui donnaient leur étiquette, comme je l'écrivais à Montalivet:

«Ma politique a toujours été française, nationale et raisonnable, selon la nécessité des temps, et j'ai été fidèle aux personnes (p. 008) aussi longtemps qu'elles ont obéi au sens commun. Si vous jugez toutes mes actions à la lumière de cette règle, vous verrez que, malgré les apparences, on n'y trouvera aucune contradiction et que j'ai toujours été conséquent.»

Les rois changent de ministres, j'ai changé de rois.

J'ai toujours tenu mes affaires en ordre et mes comptes en règle, *Doit et Avoir*, c'est de principe. Je ne répondrai pas comme ce ministre à qui on demandait: «*Pardonnez-vous à vos ennemis? — Je n'en ai plus, je les ai tous fait fusiller.*» Malgré tout, je ne suis pas en reste avec eux; chaque chose sera dite ici, en son lieu et à son heure. Mais ce n'est pas quand la pièce se joue et que les acteurs sont encore sur la scène qu'il convient d'exposer l'action, de démêler l'intrigue et de démasquer les personnages dont le masque est mieux que leur visage. Aujourd'hui la vérité serait dangereuse pour quelques-uns, scandaleuse pour d'autres, inutile pour tout le monde.

Mes *Mémoires* suffiront. Il me semble que ma voix est un dernier écho qui résonnera avec une vibration tombale dans la sonorité du vide. Alors le rideau sera tombé sur les comédies sinistres et les tragédies ridicules. On écoutera sans passion ces histoires devenues légendaires dont les acteurs et les témoins auront disparu.

Je (p. 009) prévois les jugements auxquels je dois m'attendre des générations qui suivront la mienne. Je me suis amusé à revivre ma vie politique, et on ne manquera pas de dire que c'est une œuvre de patience—pour les lecteurs,—quand on mettra au jour cette solennelle et suprême mystification.

Pour moi, je ne crains ni les pamphlétaires, ni les imbéciles, et on sait quel cas je fais de l'opinion. Je suis un vieux parapluie sur lequel il pleut depuis un demi-siècle, et quelques gouttes de plus ou de moins ne me font rien.

J'ai un orgueil à moi qui me met au-dessus des hommes et des événements, du malheur même, une insensibilité qui me rend invulnérable du côté du cœur. Il n'appartient à personne de m'humilier et de me faire souffrir. Cet orgueil et cette insensibilité m'ont préservé de la vanité et du sentiment pendant ma vie, et quand on est mort, on n'entend pas sonner les cloches. Ainsi soit-il.

MON BRÉVIAIRE (p. 011)

PRINCIPES ET MAXIMES

On a fait de moi un diseur de bons mots. Je n'ai jamais dit un bon mot de ma vie; mais je tâche de dire, après mûre réflexion, sur beaucoup de choses, le mot juste.

Je ne puis accepter cette réputation de faiseur de *Nouvelles à la main* au gros sel plus ou moins attique, telles que le *Mercure du dix-*

neuvième siècle les a recueillies dans le *Talleyrandana* et l'*Album perdu.*
Il eût été plus simple de les ajouter à un ouvrage que j'ai sur ma table et que je m'amuse souvent à feuilleter: *L'Improvisateur,* Recueil d'anecdotes et de bons mots, en 21 volumes in-12. C'est un Répertoire qui ne donnera jamais de l'esprit à personne, mais où on trouve des traits d'emprunt à placer dans la conversation, comme les lieux-communs (p. 012) de la rhétorique dans un discours.

On m'a ainsi attribué ces *anas* à l'usage des oisifs qui les apprennent par cœur, et on m'a chargé de tout le petit esprit des salons de Paris et de la province. Si on ne prête qu'aux riches, encore faut-il que ce ne soit pas de la fausse monnaie; il en est dont j'accepterais assez volontiers la paternité, parce qu'ils caractérisent un homme ou un événement. Mais rien ne dure comme un préjugé ou une légende; j'ai bien peur que le vulgaire ne me juge sur cette surface; cependant les esprits d'élite verront bien que le mien est d'une autre étoffe.

L'esprit n'est pas toujours un feu de cheminée, brillant comme sa flamme et qui s'envole avec ses étincelles, c'est parfois un flambeau qu'on ne promène pas sur deux siècles sans brûler des barbes vénérables et roussir quelques perruques. C'est aussi une arme de combat à deux tranchants, qu'il faut savoir manier comme un joujou pour ne pas se blesser. La flèche ne revient pas sur l'arc et, quand un mot est lâché, il est inutile de courir après; mais ces traits n'étaient pas lancés pour courir les ruelles avec les nouvelles du jour, et les sottises vont loin quand elles ont des ailes de papier.

L'esprit est une ressource; il sert à tout et ne mène à rien. Le silence m'a beaucoup mieux réussi. Mon esprit ne m'a servi qu'à faire hardiment des sottises pour réparer celles des autres; mais je suis trop vieux serpent pour changer de peau. Si c'était à recommencer, je recommencerais, peut-être (p. 013) autrement, et je tomberais de Charybde en Scylla.

Toute ma vie se résume dans mon *Bréviaire.* Il renferme l'ensemble des Principes et des Maximes des moralistes et des philosophes qui ont dirigé mes actes et ma conduite. Il ne me quitte jamais; je l'ai dans la tête et le voici:

Celui qui est hors de la danse sait bien des chansons.

Les méthodes sont les maîtres des maîtres.

L'Évangile anglais: «Fais aux autres ce qu'ils te font.»

Je n'oublie rien et je ne pardonne pas.

Il y a des fautes que j'excuse et des passions que je pardonne, ce sont les miennes.

L'inertie est une vertu, l'activité est un vice. Savoir attendre est une habileté en politique; la patience a fait souvent les grandes positions. On doit être actif quand l'occasion passe; on peut être paresseux et nonchalant quand on l'attend.

Il y a des occasions qui ont un faux chignon; quand on veut le saisir, il vous reste dans la main.

Pour prendre un parti, il faut d'abord savoir si celui qui nous conviendrait sera assez fort pour justifier l'espérance du (p. 014) succès, sans quoi il y aurait folie à se mêler de la partie.

Laplace, dans sa théorie scientifique, n'a pas eu besoin de Dieu, cette hypothèse; dans mon système politique, je me suis passé de la morale, où le cœur est la dupe de l'esprit.

Il faut traiter légèrement les grandes affaires et les choses d'importance, et sérieusement les plus frivoles et les plus inutiles. Cette méthode a l'avantage que les esprits ordinaires ne peuvent s'en servir.

Tout le monde peut être utile; personne n'est indispensable.

On n'est jamais indépendant des hommes, surtout dans une condition élevée.

Les hommes sont comme les statues, il faut les voir en place.

Un homme médiocre dans l'élévation est placé sur une éminence, du haut de laquelle tout le monde lui paraît petit et d'où il paraît petit à tout le monde.

L'art de mettre les hommes à leur place est le premier peut-être dans la science du gouvernement; mais celui de trouver la place des mécontents est à coup sûr le plus difficile; et présenter à leur imagination des lointains, des perspectives où puissent se prendre leurs pensées et leurs désirs, est je crois, une des solutions de cette difficulté sociale.

Les (p. 015) présomptueux se présentent; les hommes d'un vrai mérite aiment à être requis.

Quand vient la fortune, les petits hommes se redressent, les grands hommes se penchent.

Il faut mener les hommes sans leur faire sentir le joug, asservir les volontés sans les contraindre.

Le mépris doit être le plus mystérieux des sentiments.

Toutes les fois que le pouvoir parle au peuple, on peut être sûr qu'il demande de l'argent ou des soldats.

Un État chancelle quand on ménage les mécontents; il touche à sa ruine quand la crainte les élève aux premières dignités.

On ne respecte plus rien en France.

Faire garder les pauvres en bourgeron par les pauvres en uniforme, voilà le secret de la tyrannie et le problème des gouvernements.

En vain autour des trônes les genoux fléchissent, les fronts s'inclinent, les yeux veillent, les mains obéissent, nos cœurs sont à nous seuls.

Il faut avoir été berger pour apprécier le bonheur des moutons.

En voyant les petits à l'œuvre, on se réconcilie avec les grands.

Il (p. 016) y a beaucoup de mauvaises chances et il y en a aussi quelques bonnes; c'est le cheveu de l'Occasion. La Fortune frappe au moins une fois; si on n'est pas prêt à la recevoir, elle entre par la porte et sort par la fenêtre.

Le bon Dieu nous a mis des yeux dans le front pour que nous regardions toujours devant nous et jamais en arrière.

Dans l'incertitude d'un danger, il vaut mieux réserver son énergie pour le combattre quand il arrive, que de l'user à le voir venir de loin; il est toujours assez tôt de serrer la main du diable quand on le rencontre.

Si les choses ne vont pas comme on le comprend, le mieux est d'attendre et d'y peu penser.

Patience et longueur de temps
Font plus que force ni que rage.

Quand les cartes sont brouillées et que les affaires paraissent désespérées, il n'y a qu'à laisser aller les choses, comme l'eau coule à sa pente; elles finissent par se débrouiller toutes seules et s'arranger d'elles-mêmes. Rien faire et laisser dire.

Dans les choses d'importance, il ne faut pas demander de conseils; il faut peser, oser et agir.

On doit suivre ses inspirations, et ne jamais se repentir ni du bien, ni du mal, ni des sottises.

Quand tout est perdu, c'est l'heure des grandes âmes.

Les principes reposent sur leur certitude et leur utilité; la morale est fondée sur l'intérêt qui la sert.

Les (p. 017) hommes sont capricieux, ondoyants et divers, les événements mobiles, les idées changeantes; tout meurt, se transforme, se renouvelle, rien ferme ne demeure. Le cours naturel des choses offre de meilleures occasions que l'intelligence, l'imagination, l'ingéniosité, l'esprit, la volonté n'en peuvent faire naître, créer, trouver, inventer.

Tout arrive et doit arriver par la combinaison et le jeu des événements. Tout s'en va et tout revient. On revient de tout et on revient à tout. Ceux qui disent qu'ils sont revenus de tout ne sont jamais allés nulle part.

Rien de grand n'a de grands commencements, ni les chênes, ni les fleuves, ni les royaumes, ni les hommes de génie.

Il faut se garder des premiers mouvements, parce qu'ils sont presque toujours honnêtes.

À force de converser avec un sphinx, on se tire de ses énigmes.

Le pouvoir de tout faire n'en donne pas le droit.

Sois doux avec le faible et terrible au superbe.

C'est prodigieux tout ce que ne peuvent pas ceux qui peuvent tout.

Si c'est possible, c'est fait; si c'est impossible, cela se fera.

Celui qui ne comprend pas un regard ne comprendra pas davantage une longue explication.

La (p. 018) parole a été donnée à l'homme pour déguiser sa pensée.

Il faut imposer et en imposer.

Celui qui ne tient compte que des intérêts fait un calcul aussi faux que celui qui ne tient compte que des sentiments; il faut trouver le secret des affaires et posséder l'art de s'insinuer dans les cœurs.

Oui et *Non* sont les mots les plus courts et les plus faciles à prononcer, et ceux qui demandent le plus d'examen.

Un long discours n'avance pas plus les affaires qu'une robe traînante n'aide à la marche.

Une parfaite droiture est la plus grande des habiletés; la vérité devient un calcul et la franchise un moyen.

Il y a une arme plus terrible que la calomnie, c'est la vérité.

Toujours par quelque endroit fourbes se laissent prendre.

Le vrai moyen d'être trompé, c'est de se croire plus fin que les autres.

La plus grande des illusions est de croire qu'on n'en a pas, ou qu'on n'en a plus.

Quand on part, on arrive toujours, mais il faut partir.

On ne va jamais si loin que lorsqu'on ne sait pas où l'on va.

Si (p. 019) on savait où l'on va, on ne marcherait pas.

Quand on a dix pas à faire et qu'on en a fait neuf, on n'est qu'à moitié chemin.

C'est toujours un rôle ingrat, pour ne pas dire inutile et dangereux, de jouer au prophète en son pays.

Le secret de plaire dans le monde est de se laisser apprendre des choses qu'on sait par des gens qui ne les savent pas.

Des sottises faites par des gens habiles, des extravagances dites par des gens d'esprit, des crimes commis par d'honnêtes gens, voilà les révolutions.

Le monde moral et politique, comme le monde physique, n'a plus ni printemps ni automne; on ne voit qu'opinions qui glacent ou opinions qui brûlent.

Une monarchie doit être gouvernée avec des démocrates, et une république avec des aristocrates.

C'est un grand malheur pour une nation qu'un bon homme dans une place qui exige un grand homme.

Il faut se défier de tout homme qui n'a pas été républicain avant trente ans, et de celui qui persiste à l'être passé cet âge.

Si quelqu'un vous dit qu'il n'est d'aucun parti, commencez par être sûr qu'il n'est pas du vôtre.

On (p. 020) peut quelquefois venir à bout des sentiments; des opinions, jamais.

Il n'y a qu'une seule chose que nous aimions à voir partager avec nous, quoiqu'elle nous soit bien chère, c'est notre opinion.

La Renommée est une grande causeuse, elle aime souvent à passer les limites de la vérité; mais cette vérité a bien de la force; elle ne laisse pas longtemps le monde crédule abandonné à la tromperie.

Les Anciens représentaient la Vérité toute nue, sans doute pour que chacun l'habille à sa façon; mais si on veut lui laisser son nom, son caractère et sa beauté, elle doit être exposée sans voiles et dé-pouillée des vains ornements dont on a coutume de l'affubler. Pourquoi la parer d'un manteau de cour, la draper dans ce costume brillant et trompeur du Mensonge, bon pour parer les mannequins et les marionnettes? Pourquoi s'ingénier à défigurer, dénaturer et déshonorer la Vérité, quand le silence est si commode?

Dans une réunion de diplomates, on ne met pas la franchise à la porte, parce qu'elle n'y est jamais entrée.

Sans l'impassibilité à la vue du sang, au spectacle de la douleur et de ses bruyants témoignages, il n'y a pas de chirurgien. Sans l'insensibilité des passions, il n'y a pas de stoïcien, sans l'indifférence au milieu du jeu des événements, il n'y a pas d'homme d'État. Le chrétien qui entre dans le cirque et qui défaille à l'aspect des bêtes féroces est une victime, ce n'est pas un martyr.

L'ambition (p. 021) est l'exercice des facultés intelligentes; c'est une corde muette dans les âmes passionnées.

On n'est quelque chose dans le monde qu'à la condition de ne pas valoir beaucoup mieux que lui.

Je n'ai pas besoin d'espérer pour entreprendre, ni de réussir pour persévérer.

Tout est grand dans le temple de la faveur, excepté les portes qui sont si basses qu'il faut se courber pour y entrer.

Tout le monde brigue les faveurs, parce que peu de gens ont droit aux récompenses.

Les grandes places sont comme les rochers élevés, les aigles et les reptiles seuls y parviennent.

Il n'y a que deux façons de s'élever, par son talent ou par l'imbécillité des autres.

Le moment difficile n'est pas l'heure de la lutte, c'est celle du succès.

Sois lion dans le triomphe, renard dans la défaite, colimaçon dans le conseil, oiseau à l'heure de l'action.

Celui qui est vraiment fort sait quelquefois plier.

Pesez les hommes, ne les comptez pas.

Les hommes adroits et légers surnagent comme le liège au milieu des tempêtes.

Qui (p. 022) a été mordu par le serpent se méfie des cordes.

On ne croit plus aux sauveurs de la patrie; ils ont gâté le métier.

Tout ce qui est accepté comme vérité par la foule est généralement un préjugé ou une sottise.

Lorsqu'une société est impuissante à créer un gouvernement, il faut que le gouvernement crée une société.

La politique est un étang où les brochets font courir les carpes.

Faute de richesses, une nation n'est que pauvre; faute de patriotisme, c'est une pauvre nation.

C'est moins par la rareté des maladies qu'on peut juger la force du tempérament des hommes et des nations, que par la promptitude et la vigueur du rétablissement.

En toutes choses, les commencements sont beaux, les milieux fatigants et les fins pitoyables.

Il ne faut jamais se fâcher contre les choses, parce que cela ne leur fait rien du tout.

Les oies font assurément moins de sottises qu'on n'en écrit avec leurs plumes.

La plus dangereuse des flatteries est la médiocrité de ce qui nous entoure.

Rien (p. 023) ne doit inspirer un orgueil plus légitime que la haine avec laquelle les hommes supérieurs nous poursuivent; ils n'en ont que pour ceux qu'ils croient au-dessus d'eux; les autres ne leur inspirent que de la colère ou du mépris.

Quand vous êtes enclume, prenez patience; quand vous êtes marteau, frappez droit et bien.

La puissance ne consiste pas à frapper fort et souvent, mais à frapper juste.

Il y a des gens qui n'ont même pas leur bêtise à eux.

Si un sot vous trompe plus de cinq minutes, c'est que vous et lui faites la paire.

Les gens qui ne font rien se croient capables de tout faire.

La plus mauvaise roue d'un chariot est celle qui fait le plus de bruit.

Je supporte la méchanceté, parce que je puis me défendre contre un homme méchant; mais je ne supporte pas la bêtise, parce que je suis sans armes contre un être qui m'ennuie.

Quand l'homme rencontre l'homme, il fait presque toujours une triste rencontre.

On s'empare des couronnes, on ne les escamote pas.

Je (p. 024) crains plus une armée de cent moutons commandée par un lion, qu'une armée de cent lions commandée par un mouton.

Un homme seul contre la foule aura toujours raison d'elle avec de l'éloquence, de l'énergie et du sang-froid comme l'abbé Maury, qu'on voulait envoyer dire la messe chez Pluton: *Voulez-vous la servir, voici mes burettes?*

À la Lanterne! *Y verrez-vous plus clair?*

La diplomatie est un duel, où il s'agit d'être plus fort et plus adroit que l'adversaire qu'on a devant soi.

Où il y a un traité, il y a un canif.

L'encre des diplomates s'efface vite, quand on ne répand pas dessus de la poudre à canon.

Rapprocher les hommes n'est pas le plus sûr moyen de les réunir, et à force de vouloir rapprocher les peuples, on s'expose à les mettre à portée de canon.

Le sentier de *Tout-à-l'heure* et la route de *Demain* conduisent au *Château de Rien-du-Tout.*

On perd bien du temps à n'avoir pas le temps.

Les hommes perdent bien du temps quand ils sont éveillés.

La vertu est parfois récompensée et le vice puni, exceptions qui confirment la règle.

Agiter le peuple avant de s'en servir, sage maxime; mais il est inutile d'exciter les citoyens à se mépriser les uns les autres; (p. 025) ils sont assez intelligents pour se mépriser tout seuls.

Plus l'herbe est serrée, plus la faux mord.

J'ai vu le fond de ce qu'on appelle les honnêtes gens, c'est hideux. La question est de savoir s'il y a des honnêtes gens, quand l'intérêt ou la passion est en jeu.

Les gens d'esprit promettent, ne tiennent pas, et finissent pas payer le double de ce qu'ils ont promis.

L'obligé prend un premier service reçu pour le droit d'en demander et d'en obtenir un second.

Il y a un grand système de compensation, qui règle tout en ce monde par une équitable répartition des grandes et petites misères de la vie, du mal par le bien et du bien par le mal.

Il ne faut pas trancher le nœud gordien qu'on peut dénouer.

Il n'y a point d'accident si malheureux dont un homme habile ne tire quelque avantage, ni de si heureux qu'un imprudent ne puisse tourner à son préjudice.

Une carafe d'eau suffit pour arrêter un commencement d'incendie; un instant après, un seau; plus tard, il faut des pompes, et la maison brûle.

Tout phénomène physique a son semblable dans l'ordre moral. La réaction est égale à l'action; une tempête endort la (p. 026) nature, une révolution calme un peuple, une émotion violente apaise l'âme humaine.

À l'exception des sciences exactes, il n'y a rien qui me paraisse assez clair pour ne pas laisser beaucoup de liberté aux opinions, et presque sur tout on peut dire tout ce qu'on veut.

Partout où il y a de l'eau, il n'y a pas toujours des grenouilles; mais partout où il y a des grenouilles, il y a de l'eau.

Si le livre des *Pourquoi* n'était pas si gros, il y aurait moins de *Parce que.*

Quand il n'y a pas une raison, il y a une cause.

De toutes les inventions qu'on appelle des découvertes utiles à l'humanité, la première est assurément l'imprimerie, et qu'est-ce que l'imprimerie, en creux ou en relief? L'empreinte du sabot du cheval d'Attila sur une argile où l'herbe ne poussait plus. On en a usé, abusé et mésusé, comme de toutes les bonnes choses.

Les légendes ont été transmises par les fripons d'un siècle aux nigauds des siècles suivants.

La barbarie est toujours à deux pas, rôdant autour de la civilisation; dès qu'on lâche pied, elle revient.

Il y a des montagnes qui accouchent d'une souris, et d'autres qui accouchent d'un volcan.

L'homme (p. 027) est une intelligence contrariée par des organes.

La franchise est toujours invoquée pour exprimer les choses désagréables à entendre; les compliments s'en passent.

Les hommes secrets disent, sans qu'on leur demande, ce qu'ils ont à dire, ils ne répondent jamais.

Toute révélation d'un secret est la faute de celui qui l'a confié.

Tout ce qu'on dit sera répété, tout ce qu'on écrit sera publié, et tout se retournera contre vous.

Secret de deux, secret de Dieu; secret de trois, secret de tous.

Enseigne à ta langue à dire: «Je ne sais pas.»

La parole que tu gardes est ton esclave; celle que tu as lâchée est ton maître.

C'est un grand avantage de n'avoir rien dit ni rien écrit, mais il ne faut pas en abuser.

Lorsque vous aurez, par nécessité, un confident à prendre, lorsqu'un dévouement vous sera absolument nécessaire, demandez-le toujours à la jeunesse, rarement à l'âge mûr, à la vieillesse jamais.

C'est un don funeste de savoir déchiffrer les mystérieux hiéroglyphes (p. 028) que le Temps burine sur le masque humain et de lire sous la peau.

La jeunesse peut avoir de la patience, parce qu'elle a de l'avenir: *Patiens quia longa;* le vieillard n'en a plus: *Impatiens quia brevis.*

On a dit que le *Traité de la Vieillesse* donnait envie de vieillir; mais on voit bien que c'est une œuvre de jeunesse de Cicéron.

Les années ne font pas les sages, elles ne font que des vieillards.

On ne rajeunit pas, on prolonge la jeunesse.

Il arrive un moment où on ne voit plus que le revers de toutes les médailles.

Il ne faut pas demander à la vie plus qu'elle ne peut donner.

On est vieux quand on n'espère plus rien.

La vie se passe à dire: «Plus tard», et à s'entendre dire: «Trop tard.»

La vie est une montagne qu'il faut gravir debout et descendre assis.

La vieillesse est un tyran qui défend, sous peine de mort, tous les plaisirs de la jeunesse.

La (p. 029) vie serait assez supportable sans ses plaisirs.

Les affections légitimes ne viennent pas des sentiments de la nature et des liens du sang, mais de la raison.

On doit se conduire avec ses amis comme s'ils devaient être un jour des ennemis, et avec ses ennemis comme s'ils pouvaient devenir des amis.

Un ami véritable est une douce chose, à la condition qu'il ne soit pas un grand homme; mais il faudrait aller au Monomotapa.

Ne dites jamais de mal de vous, vos amis en diront toujours assez.

Mes amis, il n'y a pas d'amis.

Après l'affection que je me porte, les autres sont inutiles; je n'ai besoin ni d'aimer ni d'être aimé.

Il n'est pas facile de haïr toujours; ce sentiment ne demande souvent qu'un prétexte pour s'évanouir; ce n'est pas le pardon, c'est l'oubli.

Un monarque, consultant Salomon sur l'inscription à mettre sur le sceau royal, demandait que ce fût une maxime propre tout à la fois à modérer la présomption et à soulager l'abattement aux jours de l'adversité. Salomon lui donna cette devise:

«Et ceci aussi passera.»

L'amour (p. 030) est un sentiment, une sottise ou une affaire, et chacun a sa lunette et son aune. Les conquêtes coûtent cher; il faut savoir payer sa gloire quand on couche sur le champ de bataille. Bien que les femmes aient l'incomparable talent, l'art suprême de persuader au vainqueur qu'elles ont capitulé, vaincues par ses qualités personnelles et non pour le prestige que donnent le titre, le rang, le pouvoir, la fortune, elles sont rarement désintéressées. Le désir de se venger d'une rivale, en lui soufflant son chevalier favori, est une des principales causes du succès des hommes dits à bonnes fortunes. Le métier de Don Juan n'est pas difficile.

Il faut adorer les femmes et ne pas les aimer.

Toutes les fois que j'ai visité une capitale, on m'a prévenu que j'étais dans la ville la plus corrompue de l'Europe, et c'était vrai.

L'argent, dont on fait un dieu, n'a qu'un pouvoir bien limité, si on considère les choses qu'il ne procure à aucun prix. Les misérables voient le bonheur dans la fortune, et malgré ses réels avantages, les riches ne l'y trouvent jamais. Né dans cet état si envié, je n'ai pas tardé à reconnaître que les biens véritables, incontestés, sont à tout le monde: la jeunesse, la santé, l'intelligence, la beauté, l'amour; pour ces biens-là, pas de classe privilégiée; le plus pauvre peut les avoir, le plus riche ne peut pas les acheter. On a beau dire:

Jamais surintendant ne trouva de cruelles.

Quand cela serait, il en a toujours pour son argent.

Il y a certainement de nobles créatures qui relèvent la vie et honorent l'humanité, des êtres bons, justes, honnêtes, supérieurs, (p. 031) qui devraient être les chiens de berger des troupeaux humains. Mais si on interroge l'histoire et si on observe le monde, on constatera que l'ostracisme, la persécution et la mort n'en ont jamais épargné un. C'est une conspiration générale. Le génie, la vertu, le caractère, la beauté, tout ce qui constitue l'aristocratie personnelle, la seule vraie, est la bête noire de ces moutons stupides, absurdes, odieux et ridicules; c'est pourquoi ils sont manœuvrés par les loups et victimes des animaux de carnage, tondus, écorchés, tués et dévorés. Ils proscrivent Aristide, acclament César, et tombent à genoux devant Attila.

Odi profanum vulgus et arceo.— À une certaine hauteur, le mépris du vulgaire fait presque l'illusion d'une vertu.

Il n'y a qu'une puissance souveraine: S. M. La Mort, la Fiancée de l'homme, la Reine du monde. L'homme est un condamné à mort avec sursis, qui se promène dans le préau en attendant l'appel de son nom. Il peut lire cet avertissement sur le cadran de sa geôle: *Omnes vulnerant, ultima necat*. Toutes les heures blessent, la dernière tue.

Tout peut s'ajourner, excepté l'heure de la mort.

Si l'expérience des autres pouvait servir à quelque chose, il suffirait de se faire un *Bréviaire* comme celui-ci pour marcher d'un pied sûr dans la vie; et l'expérience personnelle est un médecin qui arrive toujours après la maladie, une étoile qui se lève quand on va se coucher.

Voilà, comme dit Ménalque, toutes les pantoufles que j'ai sur moi.

L'École des diplomates. (p. 032)

Je n'ai jamais eu d'autre Égérie que le bon sens, et trois maîtres, que j'appelle mes trois *La*, parce qu'ils me donnent le diapason: La Fontaine, La Bruyère et La Rochefoucauld.

La Bruyère est un penseur profond, un observateur sagace et pénétrant, qui a touché à tous les problèmes de l'esprit et du cœur humain.

La Rochefoucauld est le *Docteur Tant-Pis*, qui diffame l'humanité entre deux accès de goutte, et dit la vérité à son malade sans dorer la pilule.

Les *Fables* de La Fontaine pourraient s'appeler la *Diplomatie en action*, et elles renferment ce qu'on a appelé mes *Treize principes*.

Depuis que j'épèle l'Alphabet de la Politique, je n'ai jamais eu d'autre maître, et je dois à ses leçons mon initiation à une science qui est le secret des dieux, des augures et de Polichinelle. Tout est là. Je (p. 033) le sais par cœur, je le relis sans cesse et j'y trouve toujours quelque chose de nouveau; c'est la magie de ce génie familier, qui fait dire ici à son élève en cheveux gris, comme le vieux Michel-Ange: «*J'apprends encore.*»

Il est vrai que La Fontaine a composé ses Fables *ad usum Delphini*, pour un futur monarque; mais celui qu'on appelle le Bonhomme était d'une remarquable férocité, comme Machiavel, et sans cet égoïsme profond, il n'y a pas de diplomate.

La philosophie de La Fontaine est amère, comme tout ce qui est vrai. Il expose les systèmes les plus nouveaux, les théories les plus audacieuses, les doctrines les plus désolantes, les principes les plus dangereux, avec ce sans-gêne, ce laisser-aller, cette grâce négligente qui est la grande manière, ce qu'on appelle la grande École. Nul n'a sondé le cœur humain à une plus grande profondeur, et c'est le premier livre qu'on met entre les mains des enfants, inoffensif en apparence, comme le *Catéchisme*, dont les premières questions renferment les plus vastes problèmes posés à l'homme, l'énigme redoutable devant laquelle s'humiliait Pascal.

Si, avec ses Fables dans la tête, j'avais eu le masque honnête du Bonhomme au lieu du rictus de messire Satanas au pied fourchu, j'aurais trompé plus facilement les hommes et les nations, car il n'est pas un événement de l'histoire auquel on ne puisse appliquer une Fable de La Fontaine.

Ceci dit et compris, on aura la clef de ma politique, et (p. 034) on ne s'étonnera pas de la facilité avec laquelle on me verra sortir des passes les plus difficiles, comme le Renard, sans y laisser ma queue. J'avais mon Talisman. Dans toutes les situations, favorables ou critiques, je cherchais la Fable, et j'en trouvais toujours une qui me servait d'oracle ou me tirait d'affaire; comme le Chat, je n'avais qu'un tour dans mon sac, mais il était bon: Je grimpais sur l'arbre, et j'y suis encore.

Pendant un demi-siècle, j'ai manœuvré les grandes affaires de l'Europe au milieu des orages et des tempêtes qui ont bouleversé le monde. J'ai été le pilote du Vaisseau que Paris a dans ses armes: «*Fluctuat nec mergitur.*» Dieu merci, s'il a été désemparé, démâté, rasé, criblé, crevé, tout a été et sera réparé; l'Arche du monde n'a pas sombré dans le grand naufrage.

Il ne faut pas se mêler de gouverner un vaisseau sur lequel on n'est que passager, et celui qui n'obéit pas au gouvernail obéit à l'écueil. Dans la tempête, on ne choisit pas le meilleur gentilhomme pour lui confier le commandement, et j'ai payé de ma personne. J'étais un pilote; j'ai pris ma place, personne ne me l'a donnée. On ne remonte pas les courants comme les truites; celui de la Révolution portait au large et je m'abandonnai aux éléments; ils ont toujours disposé de moi; mais j'avais la main à la barre et l'œil à l'étoile polaire. La manœuvre ne (p. 035) m'a jamais fatigué; l'âme était absente et la tête seule était occupée; c'est par le cœur que la machine s'use le plus vite. Prévoyant les événements, j'en disposais sans les devancer; un léger coup de barre au gouvernail lui imprimait au début une direction à peine sensible, qui devenait un écart considérable au terme d'arrêt. J'ai vu clair, vrai, juste et loin; mais après la conception et la vue d'ensemble, je ne m'occupais plus des détails. C'est l'envers de mes qualités et je connais mes défauts; je n'ai pas l'âme *immodérée à la Richelieu*, ni l'esprit actif de Mazarin; chez moi, la mollesse et le décousu vont jusqu'à la faiblesse dans l'exécution, et je connais mieux l'art de préparer une surprise que celui de donner un assaut.

L'étude de la Théologie, par la force et la souplesse du raisonnement, par la logique et la finesse qu'elle donne à la pensée, est la gymnastique de la politique et l'escrime de la diplomatie. Les prêtres sont d'habiles négociateurs; pour avoir un bon Secrétaire d'état à Rome, il faut prendre un mauvais cardinal, et quand Rome a parlé, la cause est entendue.

L'Église calma mon ardeur par la lenteur de ses moyens d'action, *Stare, Perseverando*, prendre le temps sans le devancer, profiter des circonstances, attendre les occasions, saisir les à-propos, utiliser les volontés, la main légère et sans bruit. Le silence est, après la parole, la seconde puissance du monde, je (p. 036) sais parler et me taire. À défaut de la chaîne d'or qui sort de la bouche de l'Éloquence et va enlacer l'auditeur captivé, j'ai sur les lèvres la flèche acérée et légère qui vole droit au but.

Je n'ai été ni loup ni mouton, ni monarchiste ni républicain, ni marteau ni enclume, ni ministre de Dieu ou du Diable. Libre du joug de la multitude comme de celui des rois, je me suis maintenu dans le juste milieu, à cheval sur le fléau de la balance à faux poids, appuyant tantôt sur un plateau, tantôt sur l'autre, quand leur équilibre menaçait d'être rompu par le glaive ou la croix.

J'ai tenu les fils des pantins et des marionnettes dont les dieux s'amusent; j'étais dans leur secret; seul je savais d'avance ce que le monde devait vouloir plus tard, et je préparais le mot qui allait caractériser l'événement prévu et le fait accompli. Je ne suis plus que le spectateur de la comédie; je la trouve assez intéressante pour la suivre jusqu'à la fin, et ce qu'on peut encore tirer de meilleur d'un vieux diable qui ne veut pas se faire ermite, c'est un souvenir et un conseil.

JEUNESSE (p. 037)

Ma naissance.

Je suivrai le conseil du satirique:

Pour moi, j'aimerais mieux qu'il déclinât son nom,
Et dît: «Je suis Oreste ou bien Agamemnon.»

Je m'appelle Charles-Maurice Talleyrand-Périgord, et je suis né à Paris, le 2 février 1754.

Il serait puéril de vouloir accréditer une fable adoptée sans autre examen. Ce n'est pas à la suite d'un accident, d'une chute vers l'âge d'un an, que je restai estropié, boiteux, infirme pour toute la vie. J'apportai cette difformité héréditaire en venant au monde avec un pied arrondi en sabot de cheval, auquel on donne le nom de pied-bot *équin*.

J'étais (p. 038) l'aîné de la famille, destiné à en être le chef, avec les titres, biens et privilèges que me conférait le droit d'aînesse; mais toutes les espérances placées sur ma tête étaient détruites par mon infirmité. Ne pouvant entrer droit dans la vie par la haute porte des Armes, il fallut me courber pour passer sous la porte basse de l'Église; au lieu de perpétuer mon nom et ma race, je fus voué à la stérilité.

Ma famille me considéra dès lors comme un être de rebut, un objet de dégoût et d'humiliation. Mon père était au service, ma mère avait une charge à la Cour; personne ne voulut me voir. On m'abandonna à la négligence d'une nourrice dans un faubourg de Paris, où je fus oublié pendant plus de quatre ans.

Mon enfance. (p. 039)

À Sparte, difforme et chétif, on m'aurait noyé comme un vilain chat; mais le chat a sept vies, et j'ai vécu longtemps, comme Voltaire, oui, «*Comme Voltaire*», les dernières paroles énigmatiques de Talma avant d'expirer.

Des mains de la nourrice du faubourg, on m'expédia en Périgord, chez ma grand'mère, bonne femme qui me gâta comme son chat et son perroquet.

À la fin de ce second exil, on m'interna au collège d'Harcourt, avec l'ordre formel de me préparer à l'état ecclésiastique. C'est là que je commençai mes études, continuées à Reims, sous la direction de mon oncle, qui occupait le siège archiépiscopal, puis à Saint-Sulpice, où je passai trois ans, et terminées à la Sorbonne deux ans plus tard, en 1777.

Personne ne consulta, je ne dirai pas ma vocation, mais mon goût, ma préférence; on disposa de moi comme (p. 040) d'un être sans volonté et sans avenir. Quelle valeur peut avoir un engagement que j'ai subi sans l'accepter, dans une carrière imposée comme une disgrâce par une famille marâtre, une loi odieuse, une société décomposée?

J'aurais peut-être été sensible si on m'avait traité comme un enfant, et cette première expérience fait que je n'ai jamais eu le regret de n'avoir pas connu le sentiment de la paternité.[2]

Mes parents n'ont eu pour moi aucune affection, aucune tendresse, ni même ce soin de prévoyance qu'on a pour les plus humbles de ce monde et les plus disgraciés de la nature. Je ne veux accuser personne de cette indifférence; mais je ne puis m'empêcher de constater que l'homme a le privilège de toutes les vanités. On admire comme des vertus rares, des actions héroïques, le dévouement maternel, par exemple, les dons instinctifs qu'on ne daigne pas même remarquer chez les animaux, auxquels on (p. 041) refuse une âme. Quelques pouces de plus ou de moins font un nain ou un géant, quelques idées, un *caput mortuum* ou un génie, le génie, un peu de phosphore dans une boite qui n'est pas même en ivoire. Au moral comme au physique, les hommes donnent ainsi leur mesure, et je ne fais que me servir de leur aune pour les toiser.

Depuis l'heure de ma naissance, je n'avais pas couché sous le toit de ceux à qui je la devais. Ils avaient banni et renié leur enfant, ils ne l'avaient pas connu. Quand il me fut accordé de paraître devant ma famille, on me reçut plus froidement qu'un étranger déplaisant dont on est obligé de subir la présence. Jamais je n'ai entendu une parole affectueuse, reçu une caresse, une marque de pitié, un témoignage de consolation. Tout était morne dans cette demeure inhospitalière, glaciale comme l'accueil de ses maîtres.

Voilà toute mon enfance et toute ma jeunesse.

Je compris tout de suite que prier, pleurer, gémir, se plaindre, serait également lâche, et de plus inutile. Mon infirmité me condamnait presque à la solitude cellulaire. Incapable de rester debout sans fatigue et sans faiblesse, je ne pouvais me mêler aux jeux et aux exercices des récréations. Seul, à l'écart, oublié de ma famille, dédaigné de mes condisciples, je (p. 042) grandissais, ou plutôt je vieillissais avant l'âge dans le silence et l'abandon. L'âme humaine ne fleurit pas à l'ombre, la mienne se replia, sans air et sans soleil. Mon intelligence voilée, nourrie d'études arides, était semblable à la surface assombrie d'un lac mort reflétant le ciel comme un miroir d'acier; ma seule distraction était la lecture; je lisais beaucoup, mais sans ordre et sans méthode, des romans, des voyages et des Mémoires.

Mon enfance abandonnée s'était écoulée chez la nourrice d'un faubourg de Paris et la vieille grand'mère d'un coin de province; ma jeunesse maladive et mélancolique s'étiola dans la retraite des séminaires, comme une fleur pâle desséchée entre les feuilles jaunies d'un livre d'heures. L'ennui ne se raconte pas.

La vie est une pensée de la jeunesse exécutée par l'âge mûr. Les premières impressions laissent une empreinte ineffaçable au cœur de l'homme. Dans cette situation, le cœur se brise ou se bronze; il fallait mourir de chagrin ou s'engourdir, de manière à ne plus rien sentir de ce qui me manquait.

Qu'est-ce que ce monde? Pourquoi y suis-je? Qu'ai-je à y faire? Si je meurs, qui me regrettera? Ma mort exaucerait peut-être quelque vœu secret. Les Pères ont fait de la *Désespérance* le huitième péché (p. 043) capital. Acteur ou spectateur, il vaut la peine de vivre, ne serait-ce que par curiosité. Je sens une haine froide, implacable; je la nourris et je la cultive comme une fleur vénéneuse dont les racines plongent au plus profond de mon âme empoisonnée; je me vengerai, mais la vengeance est un mets divin qui se mange froid.

L'homme a trois caractères: celui qu'il montre, celui qu'il a et celui qu'il croit avoir.

Je me suis refait seul, corps et âme; j'ai pétri de mes propres mains l'argile dont j'étais formé, et j'ai distillé l'essence qu'elle renfermait. J'ai forgé l'*æs triplex circa pectus* du stoïcien, je l'ai recouvert d'une surface de glace polie, sans transparence, et cette cuirasse est si étroitement soudée à ma chair que je ne pourrais l'enlever qu'avec elle. J'ai refoulé et concentré mes sentiments dans mon cœur, comme j'ai accumulé et condensé mes idées dans ma tête, puis j'ai semé l'ivraie pour étouffer le bon grain. J'ai dépouillé le vieil enfant au point que tout ce qui est humain m'est étranger, et je me suis endormi par indifférence naturelle, par système et par habitude. Si quelque velléité sentimentale semble vouloir se réveiller et troubler cette implacable sérénité d'égoïsme, je m'empresse de l'exorciser pour en être dépossédé, et je me suis pétrifié dans l'eau bénite.

Je me suis fait ainsi une âme artificielle, une seconde (p. 044) nature d'abord superposée à la première, puis si bien fondue et identifiée avec elle que je n'aurais pu les dédoubler, et qui a fini par étouffer et absorber la véritable. Les sentiments vrais me sont devenus tellement étrangers que je les considère avec la curiosité d'un botaniste qui a étudié la nature dans les serres et les herbiers du *Museum*, et pour qui les fleurs vivantes des champs et des bois sont inconnues. Il m'est resté cependant un coin vulnérable, une sensibilité particulière et délicate dont je n'ai pu me défaire. La souffrance me répugne, la misère me dégoûte, tout ce qui est laid et vulgaire m'inspire une insurmontable répulsion.

Je pense souvent à ce mot de madame de Rémusat: «Bon Dieu! quel dommage que vous vous soyiez gâté à plaisir! car, enfin, il me semble que vous valez mieux que vous.»

Oui, je valais mieux que moi quand j'étais encore de chair, avant l'engourdissement, et j'avais quelques bonnes qualités, puisque je les ai supprimées.

Cette insouciance d'âme, cette glace du cœur, cette insensibilité, cette indifférence, cet ennui universel des hommes et des choses, en m'affranchissant des autres, m'a dégoûté de moi-même au point de ne pas y prendre beaucoup d'intérêt. Ces principes négatifs du bien et du mal font que rien au (p. 045) monde ne me semble mériter une pensée sérieuse et la peine d'un effort; aucune ambition réalisée ne vaut le prix qu'elle a coûté. Ils sont cause aussi que je n'ai jamais éprouvé de grandes joies ni de grands chagrins; aucune perte ne m'a sensiblement affligé, et je n'ai jamais vivement regretté quelque chose; mais si je n'ai point assez aimé, je ne me suis guère aimé non plus.

Je veux bien convenir que j'eus tort. Il eût peut-être mieux valu souffrir et conserver des facultés de sentir; car la douleur est préférable à l'insensibilité de l'existence végétative, qui rappelle la réponse de Le Nôtre à Innocent XI: «Donnez-moi des passions; c'est le stimulant sans lequel on ne peut faire de grandes choses.»

Sur le tard, j'ai douté des principes de ma philosophie, après en avoir pesé les avantages et les inconvénients. En toutes choses, il y a du pour et du contre. Faut-il attribuer ce symptôme de faiblesse à la décroissance progressive de la force vitale, à l'humiliation des facultés intellectuelles moins actives contre l'ennui qui creuse jusqu'au tuf une âme indifférente, un cœur froid, un esprit blasé, un corps chétif et débile? Je ne saurais trop le dire. La lame qui a subi la double trempe de la glace théologique et du feu charnel redresse son fourreau; mais l'abstraction des qualités morales a laissé des vides, des lacunes au fond d'une vie décolorée, pleine (p. 046) d'amertume et de désenchantement. Aussi, je n'érige pas mon système personnel en principe absolu pour ceux qui seraient tentés de l'imiter. J'ai toujours considéré l'inertie comme une vertu et l'activité comme un vice, et je ne fais aucune dépense de l'énergie qui tend les ressorts des nerfs et de la réflexion; de là une indolence de corps et une paresse d'esprit que rien ne peut réveiller ou exciter, et je me sens aussi incapable d'un mouvement passionné que d'un exercice violent. Quand j'ai l'air de perdre du temps, c'est que j'attends l'occasion; je suis prêt et sûr d'agir à l'heure où elle passe.

À la suite de cette métamorphose de mon être, j'arrivai à me dominer, à me commander, à me posséder entièrement. Je me suis fait une âme que les passions ne peuvent émouvoir, un front qui ne rougit jamais, un œil qu'aucune vision ne trouble, un masque de sphinx impassible que rien n'altère et ne fait sourciller. Avec cette armure sans défaut, rayée, criblée, bosselée, mais non entamée, j'ai été maître de moi, des autres et de l'univers; réfractaire aux poisons, comme Mithridate, j'avalais les couleuvres et les vipères, les crapauds et les scorpions comme des dragées. Dans la représentation officielle ou dans le commerce privé, je n'étais pas un acteur jouant un rôle sur le théâtre et, rentré dans la coulisse, essuyant son fard, dépouillant son (p. 047) costume et reprenant sa personnalité; le comédien s'était incarné dans l'homme; je changeais de peau, mais je restais serpent.

Je voulus arriver à la discipline parfaite, celle du corps comme celle de l'âme. Le corps est une machine obéissante quand on ne lui demande qu'un fonctionnement régulier; j'y suis parvenu par une application soutenue, avec la constance de la volonté.

Si je ne m'amuse guère, je ne m'ennuie jamais; je suis de ces âmes à la Montaigne qui se font compagnie à elles-mêmes. Toutes les fois qu'il m'est arrivé de m'entendre dire, en sortant d'un salon: «Vous êtes-vous bien ennuyé?» j'ai répondu invariablement: «Non, j'y étais.»

À défaut de passions, d'émotions, de sensations, j'ai cherché des armes contre cet Ennui, qu'un poète appelle le signe le plus éclatant de la grandeur de l'homme, le plus noble attribut de la nature mortelle. J'en ai trouvé trois: La Politique, les Femmes, le Jeu. Rien ne peut m'intéresser ou me distraire, en dehors de ces trois Vertus peu théologales qu'on peut appeler l'*École de l'immoralité*.

Ce que j'admire chez Scarron, ce raccourci de la misère humaine, ce n'est pas son esprit, tout le monde en a, c'est sa belle humeur, chose rare et précieuse (p. 048) entre toutes. Les Stoïciens niaient la douleur; lui s'en moquait, comme du reste, ce qui est l'essence suprême de la philosophie. J'ai tout appris, même à souffrir; mais la gaieté, la joie, le plaisir, ne peuvent s'acquérir à aucun prix et par aucun moyen.

J'avais un condisciple qui, sous ce rapport, n'engendrait pas la mélancolie. Tout lui apparaissait sous des aspects comiques et, entre mille, j'en citerai quelques traits empruntés à la Bible ou aux textes sacrés.

Pendant la leçon, comme il traduisait à haute voix le chapitre de la Création, il s'étonna que Dieu se fût reposé le septième jour, comme s'il était fatigué. Il ne comprenait pas non plus qu'il eût créé l'homme à son image, puisqu'il y en avait de si laids.

Une autre fois, il tourna deux feuillets de son livre et se mit à expliquer couramment: *Dieu créa la première femme... elle était goudronnée en dedans.* Passant ensuite au Déluge, où Noé embarquait un couple de tous les animaux, il s'interrompit en disant au professeur: «*Monsieur, je crois qu'il y avait plus de deux puces dans l'arche*».

Il faisait des réflexions peu orthodoxes, par exemple sur ce vers:

L'enfer, comme le ciel, *prouve* un Dieu juste et *bon*.

Comme (p. 049) il soutenait la thèse qu'on devrait plutôt prier Dieu sur une échelle qu'à genoux, le professeur lui dit avec douceur: «*Prenez-vous Dieu pour un sourd?*»

C'était un aimable compagnon, qui a dû faire un bon curé de campagne à Meudon.

Cette note du Père Anselme, mon professeur de Théologie, renferme l'horoscope de ma destinée:

«Vous entrez dans le monde par la petite porte de l'Église. Vous y aurez bientôt la réputation d'un homme supérieur avec lequel il faut compter de puissance à puissance. Votre place y est marquée par un grand nom, une famille illustre et puissante, une fortune assurée qui s'accroîtra rapidement. Vous avez une intelligence féconde, une instruction solide, les grandes manières qui séduisent, les hautes facultés qui captivent, du jugement et de l'esprit, de l'ardeur et du calme, de l'audace et de la prudence, de la hardiesse et de la réserve, de la force et de l'adresse, de la pénétration et de la légèreté, du ressort et de l'indolence, du flair, du coup d'œil et du sang-froid. Une malice diabolique vous tirera des mauvais pas, votre esprit infernal a plus de fil que l'épée; mais votre corruption consommée, votre licence de mœurs satanique vous exposeraient à l'hypocrisie ou au scandale, sans la réunion de ces qualités sérieuses et brillantes, votre précoce expérience des hommes, des choses et des événements, et (p. 050) surtout l'empire que tous savez prendre sur vous-même et qui s'imposera aux autres. La Politique et les Femmes seront les deux pôles de votre carrière; mais n'oubliez pas l'Église, qui vous a traité en mère, et pour laquelle il n'y a pas de faute au-dessus du pardon. Le chemin est ouvert, *Fata viam invenient.*»

VOLTAIRE (p. 051)

La royauté décline. Le Palais de Louis XIV n'est plus qu'une Petite-maison; il a subi des transformations conformes à la vie que mène le souverain, et ses longues galeries et ses vastes salles sont converties en Petits-Appartements. Le boudoir de madame de Pompadour est le cercle de madame du Barry, les salons sont des cabinets, où les fils de la vieille noblesse militaire suspendent encore leurs fines épées de cour. La représentation, après avoir fait place à la vie intime et familière, devient la vie cachée. Le grand art, froid et correct, se plie à toutes les fantaisies. Les têtes sévères qui avaient de la grandeur, du caractère et de la majesté, sont souriantes; les hautes perruques bouclées sont remplacées par des perruques poudrées; les costumes, les uniformes se féminisent; les hommes sont plus affables, plus gracieux, plus élégants, plus raffinés, et moins grands seigneurs; les femmes sont moins belles (p. 052) et plus jolies. Il n'y a plus de ministres, il n'y a que des favorites et des complaisants, la politique et la diplomatie ne sont que de l'intrigue.

La noblesse elle-même conspire à sa perte. *Quos vult perdere Jupiter dementat.* Les rois, les princes, les grands encouragent la Philosophie. Louis XIV impose Molière; Pierre-le-Grand appelle Leibnitz à sa cour; Christine de Suède, Descartes; Frédéric, Voltaire; Catherine, Diderot; madame de Pompadour le favorise; demain, Louis XVI subira Beaumarchais. Le coin qui a pénétré dans l'autel avec *Tartufe* entame la monarchie; l'éclair du stylet de Figaro suivra de près le sourd roulement de l'*Encyclopédie*. Louis XIV a pu dire: «Après moi, mon siècle». Louis XV dit: «Après moi, le déluge», et madame du Barry ajoute: «*La France, ton café f... le camp.*» Avec plus de sens politique, il aurait dit: «Après moi, la Révolution». Mais la Fronde n'avait encore appris à personne que tout ne finit pas en France par des chansons.

Les races sont comme les hommes: quand elles ont longtemps vécu et sont sur le point de disparaître, elles se prennent à refleurir avec une sève d'arrière-saison et à briller comme une lampe dont l'huile va s'épuiser.

Le (p. 053) roi du jour est l'Esprit; c'est l'actif dissolvant de l'ancienne tradition hiérarchique. Il rend la force humaine, le pouvoir indulgent, la religion tolérante, l'aristocratie familière. La société commence à se mêler, mais elle ne s'encanaille pas encore. L'esprit donne son arôme à la fleur de courtoisie, son piment à la fadeur de la conversation. Les passions ne sont plus que des marivaudages et l'amour de la galanterie. La vieille société agonise pâmée, étouffée sous une pluie de roses dans ses Nuits françaises. Les idées sont capiteuses et grisent les têtes les plus froides, les croyances ne sont plus gênantes, l'espérance d'un avenir humanitaire et libre fait oublier le regret du passé religieux et royal.

Voltaire est le Pontife de l'Esprit, les rois et les seigneurs sont ses disciples; après l'aristocratie de la Naissance et de la Fortune apparaît l'aristocratie de l'Intelligence; l'Esprit descelle et soulève la lourde pierre de la crypte qui renferme la tiare et la couronne.

Deux ans après le sacre de Louis XVI, Voltaire avait quitté Ferney pour venir mourir à Paris. Il y rentra comme un roi dans sa capitale, comme un dieu dans son temple, dans la gloire de son dernier triomphe et l'apothéose de son immortalité terrestre.

Voltaire (p. 054) est véritablement le seul homme de ces deux siècles que je reconnaisse pour mon maître, que j'admire sans arrière-pensée, et devant lequel je me suis librement incliné.

J'avais un ardent désir de le connaître, et le patriarche n'était pas moins curieux de voir le néophyte que les salons désignaient déjà comme son héritier.

Il faut dire qu'on improvise à Paris les réputations d'esprit à bon marché. On lui avait raconté quelques traits dans le genre de celui-ci, qui n'est pas des meilleurs:

À dîner chez le duc de Choiseul, la duchesse de N..., dont les aventures faisaient anecdote, arriva en retard. À son entrée, je me pris à dire: «*Oh! oh!*» en signe de vague surprise, je ne sais trop pourquoi.

À peine assise, elle m'interpelle à haute et intelligible voix:

—Je voudrais bien savoir, monsieur, pourquoi vous avez dit: *Oh oh?*

—Je vous demande bien pardon, madame, j'ai dit: «*Ah! ah!*»

Voltaire me reçut deux fois chez lui, m'appela son jeune successeur, et je dus accepter comme un avancement d'hoirie ce titre décerné par le Pape de la Philosophie, dont la main de squelette donnait aussi (p. 055) la bénédiction *urbi et orbi*, à Paris et au Nouveau-Monde de Franklin.

Pendant ces deux visites je pus considérer à loisir cet homme extraordinaire, craintif et hardi comme l'écureuil, toujours tremblant pour sa vie et sa liberté et toujours les risquant sur un mot, qui avait renversé les autels et ébranlé les trônes, assis sur les ruines qui allaient ensevelir l'Église et la Monarchie. J'étais comme Œdipe, muet et pensif, devant le Sphinx énigmatique à l'orbe sans regard. Le marbre ne rit pas; mais Houdon lui a appris à sourire, et quel sourire! Je vois encore ses yeux aigus et son rictus sardonique à mettre un ange en colère. J'ai toujours eu l'œil froid et le masque impassible. Nous nous regardions comme deux augures. Le vieil ermite flairait le jeune diable qui venait tremper sa griffe dans son bénitier. Son premier mot fut: «*Vous n'êtes pas ému.*» Il ajouta: «*Nous ne nous ressemblons pas, mon fi, je suis de feu et vous êtes de glace, mais vous avez la jeunesse.*»

Au cours de la conversation, je lui parlai de ses tragédies. Il me demanda quel était son plus beau vers. Je répondis sans hésiter:

Si Dieu n'existait pas, il faudrait l'inventer.

—C'est bien ce qu'on a fait. Mais ce n'est pas mon vers préféré. Il déclama:

C'est moi qui te dois tout puisque c'est moi qui t'aime.

Et, (p. 056) posant sa main sèche et froide sur la mienne: «Vous avez de l'esprit, du bon, pas celui des mots, celui des choses. L'esprit est la fleur du bon sens, le naturel en habit de cour. Si c'est une maladie, on n'en meurt pas jeune, et elle n'est pas contagieuse.»

On ne se fit pas faute de me reprocher ces deux entrevues avec Voltaire. Le pape de Rome, Benoît XIV, se montra plus indulgent, en acceptant la dédicace de sa tragédie de *Mahomet*.

J'en garde la mémoire. C'est encore un de mes radotages, je le sais; mais j'ai si peu d'heureux souvenirs et je n'ai jamais eu de belles espérances.

LE CERCLE DE MADAME DU BARRY (p. 057)

J'ai dû quelque chose à ma naissance; elle m'a donné l'accès de ce microcosme, qui se croit l'essence raffinée de l'univers, ce petit monde qui s'intitule lui-même le grand monde, perché sur des échasses, qui vit aux lumières, se couche quand les travailleurs se lèvent et regarde en pitié le reste du genre humain. Mais si le crédit de ma famille m'a ouvert la carrière, je m'y suis maintenu seul; car dans les temps difficiles où j'ai vécu, ce n'est pas avec des ancêtres, des blasons et des parchemins qu'on s'élève, qu'on se soutient, et qu'on se relève après avoir été renversé.

Celui qui n'a pas vécu au dix-huitième siècle avant la Révolution ne connaît pas la douceur de vivre et ne peut imaginer ce qu'il peut y avoir de bonheur dans la vie. C'est le siècle qui a forgé toutes les armes victorieuses contre cet insaisissable adversaire (p. 058) qu'on appelle l'ennui. L'Amour, la Poésie, la Musique, le Théâtre, la Peinture, l'Architecture, la Cour, les Salons, les Parcs et les Jardins, la Gastronomie, les Lettres, les Arts, les Sciences, tout concourait à la satisfaction des appétits physiques, intellectuels et même moraux, au raffinement de toutes les voluptés, de toutes les élégances et de tous les plaisirs. L'existence était si bien remplie qui si le dix-septième siècle a été le Grand Siècle des gloires, le dix-huitième a été celui des indigestions.

Mes études théologiques terminées, j'avais fait mon entrée dans le monde: j'étais l'Abbé de Périgord, et comme me baptisa madame du Barry, l'*Abbé malgré lui*.

Si j'avais des obligations au Diable, je dirais du bien de ses cornes; j'en dirai donc avec plus de plaisir de la favorite de Louis XV. Elle était supérieure à son origine et valait infiniment mieux que sa réputation, bonne fille et bonne femme, comme toutes les catins. On lui reprochera, sans doute, d'avoir faibli à l'heure où tout le monde savait bien mourir. Quelle amère sottise. J'admire le courage des héroïnes; mais j'aime cette faiblesse, qui est tout son éloge: Elle a été femme jusqu'à la mort.

Son cercle était celui que je préférais.

On y entrait comme dans un salon neutre, où la reine du jour accueillait toutes les aristocraties, porte (p. 059) ouverte et ceinture dénouée pour qui montrait un blason, une bourse d'or ou un sonnet; Platon lui-même eût été un de ses fidèles. J'étais ambitieux, peu riche d'argent, et je cherchais le levier d'or qui seul peut déplacer l'axe du monde. En attendant la visite de la Fortune, dans mon lit, car j'ai toujours été paresseux avec délices, je me créais des relations: de Calonne, Mirabeau, etc. Je fréquentais particulièrement chez madame du Barry, madame de Flahaut, madame de Buffon, et j'étais assidu dans les salons du Faubourg.

Avec deux compagnons de mon âge, Lauzun et Choiseul-Gouffier, nous avions formé une sorte de Triumvirat qui ressemblait à un Club fondé pour le découragement de la vertu. Ils avaient dissipé leur fortune et cherchaient à la refaire par l'agiotage; c'est par là que j'avais commencé la mienne sous le ministère de Calonne, mon premier professeur de politique. Paris n'est pas la capitale de la Morale en action; j'aimais les distractions sans négliger les affaires et je ne m'endormais pas.

Un des plaisirs de la favorite était d'entendre le récit des aventures galantes, les escalades des murailles, les ascensions à la mansarde des grisettes, les espiègleries et les escapades, les intrigues de la cour, du monde, de la ville, du théâtre et du carnaval. Chacun avait l'habitude de raconter ses bonnes fortunes, sans préjudice de celles des autres; elle (p. 060) savait que je n'étais ni un saint, ni un hypocrite; mais comme ce sujet était doublement interdit à un abbé du petit rabat, elle se faisait une joie maligne de m'y attirer.

—Et vous, monsieur l'Abbé, vous ne dites rien. À quoi rêvez-vous?

—Je fais une réflexion bien triste.

—Bon, dites-la toujours.

—Je me querelle d'être privé du droit de me marier.

—Bah! il y a assez de gens qui se marient des deux mains; mariez-vous de la main gauche.

—C'est qu'il y a encore autre chose, et que Paris est une ville dans laquelle il est plus facile de trouver une femme qu'à Versailles une abbaye.

—L'une n'empêche pas l'autre, au contraire.

Madame du Barry était de parole et l'effet ne se fit pas attendre. Je lui dois l'Abbaye de Saint-Denis, du diocèse de Reims, et plusieurs autres bénéfices, qui me permirent de tenir mon rang dans le monde et de voir venir l'Occasion, qui ne tarda pas à passer.

La vie privée doit être murée; cependant je ne puis passer sous silence le nom des femmes qui ont exercé une influence directe sur ma destinée. Je parlerai de mademoiselle Charlotte de Montmorency, de mademoiselle Luzy, de madame de Staël et, j'en suis désolé, de madame Grand, ma femme. Je ne puis dire que

Le reste ne vaut pas l'honneur d'être nommé,

mais (p. 061) en cette matière, qui veut trop prouver ne prouve rien, sinon qu'il est un sot de s'attribuer les conquêtes dont il se vante.

Un jour que j'étais resté le dernier sur un signe de la favorite, elle me dit de sa voix argentée:

—Eh bien, l'Abbé malgré toi, adores-tu toujours les femmes?

—Comme Tantale.

—Mais bois donc. Voyons, nous sommes une bonne paire d'amis, je suis discrète; conte-moi un peu tes amours et tes fredaines; allons, l'Abbé, confesse-toi.

—Je commencerai donc par les choses honnêtes.

—Elles semblent ordinairement plus fades que celles qui ne le sont pas; mais tu as trop d'esprit pour être ennuyeux, et rien que l'idée que tu as été honnête en amour une fois dans ta vie me donne de la curiosité. J'ai entendu dire que tu t'étais pris d'une violente passion pour mademoiselle Charlotte de Montmorency.

—Il n'y a qu'une femme pour deviner ces choses-là.

—Ce n'est pas difficile; il paraît même que tu es payé de retour et qu'elle ne s'en cache pas. Comment finira la comédie?

—Comme les autres, par un mariage.

—Que me chantes-tu là, un abbé marié?

—Eh oui; ce que vous ne savez pas, c'est que, condamné (p. 062) au célibat par disgrâce d'état, je suis en instance auprès du Saint-Père et je fais des démarches à Rome pour être relevé de vœux qui me sont plus odieux que je ne puis le dire.

—Le vœu de chasteté n'est pas gênant. Les abbés ont cet avantage pour les femmes qu'elles sont sûres du secret, et que leur amant peut leur donner autant d'absolutions qu'elles font de péchés avec lui.

—Je désire me marier, et j'espère que cette grâce me sera accordée.

Sans la Révolution qui bouleversa le monde, je crois que j'aurais fini par réussir envers et contre tout; mais je devais être emporté comme le reste dans le grand naufrage; seulement, j'ai surnagé.

—Je dois avoir des amis par là et je t'y aiderai, sous la condition que tu ne me le reprocheras pas plus tard. Et où en es-tu avec mademoiselle Luzy?

—C'est de l'histoire ancienne.

—C'est toujours la même, avec d'autres marionnettes. Où l'avais-tu rencontrée?

—À l'église. J'étais encore étudiant en théologie lorsque, par une belle après-midi, ou plutôt non, par une vilaine après-midi, il pleuvait et il faisait une jolie crotte, je vis, sous le porche de Saint-Sulpice, une demoiselle qui venait d'entendre le sermon et qui hésitait à se risquer, comme une chatte inquiète, attendu qu'elle n'avait pas même une ombrelle. Moi, j'avais un parapluie à la mode. J'offre mon bras et je la reconduis chez elle.

—Paul et Virginie. Si tu n'avais pas eu de parapluie pour (p. 063) t'abriter, elle aurait levé son jupon un peu plus tôt.

—Elle me fit promettre de revenir la voir, et j'y retournai avec d'autant plus de plaisir que nous étions une consolation l'un pour l'autre. On me forçait d'étudier la théologie pour entrer dans les Ordres, et je n'avais pas la vocation religieuse; ses parents la faisaient travailler le théâtre pour entrer à la Comédie-Française, et elle n'avait aucun goût pour ce métier. Un peu dévote, mais sans exa-

50

gération, elle était actrice malgré elle comme j'étais séminariste malgré moi, et la confidence de notre penchant contrarié fit que l'eau coula à sa pente beaucoup plus facilement.

—Comme ce monde est arrangé. Voilà une comédienne qui voudrait être novice et un abbé qui voudrait jouer les Don Juan. Enfin, l'Abbé, quoiqu'il advienne, tu seras un bon comédien; seulement, si tu veux te marier, tu feras bien de songer à la consultation de Panurge et de lire le bréviaire du Curé de Meudon.

—C'est ce que je fais de temps en temps.

Son Cercle était aussi un Bureau d'esprit.

On m'a tant prêté de mots que je me plais volontiers à rapporter ceux des autres, et Dieu sait si on en racontait de jolis dans le Bureau d'esprit de la favorite, sans oublier le sien dont le sel était plus gaulois qu'attique, mais libre, sans apprêt ni culture, d'une (p. 064) saveur naturelle et d'un cachet original. Je n'en citerai que quelques échantillons choisis, la plupart ayant été recueillis et publiés dans les gazettes.

Billet d'amour de Diderot à mademoiselle Volland:

«Ma Sophie, je vous écris dans l'obscurité; je ne sais si la plume marque, mais partout où il n'y aura rien, lisez que je vous aime.»

Billet de Chamfort à une dame, en prose, mais qui ressemble à la chute amoureuse d'un madrigal:

«Madame, je veux bien vieillir en vous aimant,
Mais non mourir sans vous le dire.»

Une dame à son chevalier qui, dans une voiture, devenait très pressant:

«Monsieur, prenez garde, je vais me rendre tout de suite.»

Voici un bouquet dont les fleurs n'ont pas de nom dans l'herbier galant:

«Les femmes sont encore plus avares de leurs cheveux que l'Occasion, qui n'en a qu'une mèche.»

«L'amitié (p. 065) serait jeune après un siècle, l'amour est déjà vieux au bout de trois mois.»

«Iris s'est rendue à ma foi.
Qu'eut-elle fait pour sa défense?
Nous n'étions que nous trois: elle, l'Amour et moi,
Et l'Amour fut d'intelligence.»
Mon Iris me promit lundi
Que je la verrais mercredi;
Ah! mon Dieu, l'ennuyeux mardi.

«On n'arrive à mon cœur qu'en passant par le tien.»

«Quand l'Amour ne ment plus, c'en est fait du bonheur.»

«Faut-il vous aimer comme un sage?
Faut-il vous aimer comme un fou?»
Quoi, vous parlez de cheveux blancs;
Laissons, laissons courir le temps,
Que vous importe son ravage?
Les Amours sont toujours enfants
Et les Grâces sont de tout âge.
Pour moi, Thémire, je le sens,
Je suis toujours dans mon printemps
Quand (p. 066) je vous offre mon hommage;
Si je n'avais que dix-huit ans,
Je pourrais aimer plus longtemps,
Mais non pas aimer davantage.

«La galanterie des vieillards est l'étiquette d'un flacon vide.»

la rochefoucauld (Papiers intimes non classés.)

Latour, faisant le portrait de madame du Barry en présence de Louis XV, se mêla de donner son avis sur les affaires du royaume, et dit d'un air capable que nous n'avions pas de marine.

—Mais si, dit le Roi, nous avons Vernet.

Et s'adressant au ministre:

—La flotte est-elle en état de combattre?

—Il le faudrait bien, Sire, elle ne pourrait même pas fuir.

Quelqu'un cherchait l'adresse de la princesse de Vaudemont.

—Rue Saint-Lazare, le numéro m'échappe; mais vous n'avez qu'à le demander au premier pauvre que vous rencontrerez, ils connaissent tous son hôtel.

«Si (p. 067) madame *** avait des dents, elle serait aussi laide que mademoiselle Duchesnois.»

Rivarol me déteste; c'est un prêté pour un rendu. Il se plaint de la réputation de malice infernale qu'on lui suppose:

—J'affirme n'avoir fait qu'une seule méchanceté dans ma vie.

—Monsieur, quand finira-t-elle?

Rivarol est un faiseur de mots, et ses flèches de papier lui retombaient quelquefois sur le nez, comme celle-ci: «*Nous autres gentilshommes*», pluriel qu'on trouvait singulier.

Chamfort est un archer révolutionnaire dont les traits barbelés vont droit au but: «*Monsieur le duc, il est plus facile d'être au-dessus de moi qu'à côté.*» Il a manqué la fortune, parce qu'il n'a jamais pu croire les hommes aussi bêtes qu'ils le sont.

Et Beaumarchais; ce nom pétille. Avec quelle dextérité il lance son stylet en plein cœur des mannequins de velours. Mademoiselle Sophie Arnould lui a dit: «*Vous serez pendu, mais la corde cassera.*»

Je remplirais un cahier avec les traits de ces conversations, que je sèmerai au cours de mes souvenirs.

LE PRINCE DE CONTI (p. 068)

La favorite nous a raconté les derniers moments du prince de Conti. Il refusa les Sacrements de l'Église avec obstination, et il eût épouvanté le Roi par une telle conduite, si Louis XV avait survécu. Mgr l'Archevêque de Paris se présenta plusieurs fois et ne fut jamais reçu. La canaille le regardait de la rue, et pour l'édifier par la cérémonie de l'onction des Saintes huiles, le cortège entra processionnellement dans le palais, se cacha en quelque coin, et puis ressortit comme si le prince avait accompli ses devoirs. Cette mômerie fut jugée sévèrement. Les philosophes seuls regrettèrent sincèrement le prince, qui les avait soutenus de tout son crédit. Il portait à Jean-Jacques Rousseau une affection toute particulière dont il lui donna souvent des preuves. Il aurait voulu lui assurer une existence indépendante; mais, ajouta madame du Barry, cet ours mal léché ne voulut pas plus envers lui qu'envers moi se charger du fardeau de la reconnaissance.

LE SACRE DE LOUIS XVI

J'avais vingt-deux ans en 1776, quand j'assistai avec ma famille au sacre de Louis XVI à Reims. On (p. 069) comptait que je serais ébloui par l'éclat de la cérémonie royale et la magnificence des pompes de l'Église, et qu'à défaut de vocation religieuse, l'ambition me soufflerait que la béquille de Sixte-Quint vaut bien le bâton de Maréchal de Condé. On sait qu'il a eu plus d'un imitateur, et quand un cardinal marche courbé, on dit à Rome: «*Il cherche les clefs.*» Mais Sixte-Quint, une fois pape, a jeté sa béquille aux orties, et il me faudra toujours garder la mienne. On aura beau me rappeler la liste des boiteux célèbres et favorisés, comme lord Byron; cela, comme on dit, me fait une belle jambe. Après tout, personne n'a songé qu'au lieu d'être voué à devenir le Ministre de Dieu, je semblais prédestiné à être un Ministre de la Justice; elle est boiteuse comme moi et je ne suis pas manchot.

Le cardinal de La Roche-Aymon, qui n'a pas eu besoin de génie pour faire sa fortune, joua le premier rôle à cette cérémonie, non en qualité de Grand-Aumônier de France, mais comme archevêque de Reims. Il était très vieux, fort cassé; mais sa bonne volonté de courtisan lui donna la force de braver les fatigues de cette longue journée.

Le lendemain, on raconta tout chaud l'épilogue du Sacre au cercle de madame du Barry.

Le soir, Louis XVI demanda au cardinal s'il n'était point las:

«Non, (p. 070) sire, répondit-il, je suis même prêt à recommencer.»

Ce mot, assurément naïf, parut de mauvais augure. Il ne fut pas relevé; mais le roi s'en ressouvint, car il dit le même soir à la reine:

«Madame, faites en sorte que ce ne soit pas pour mon frère que Monseigneur de Reims recommence les cérémonies du Sacre.»

La reine aurait pu répliquer:

«Je suis à vos ordres pour donner, quand il vous plaira, un héritier au trône de France.»

On tenait d'étranges propos sur l'adolescence prolongée du roi. À quelque temps de là, la duchesse d'Aiguillon apporta des nouvelles circonstanciées, et voici sa conversation avec madame du Barry:

—La bonhomie du roi est admirable. Il conte à ses courtisans les détails les plus secrets et les plus intimes de ses rapports avec la reine. Il leur a dit qu'après ses relevailles de couches, il était allé la remercier maritalement de l'avoir rendu père.

—Nous aurons donc un Dauphin?

—La reine l'espère; elle en a grand besoin; car en France, qu'est-ce qu'une fille?

—Ne trouvez-vous pas singulier que dans un royaume où les femmes gouvernent, on ne les compte pour rien?

—En ce qui touche seulement la succession à la couronne; autrement, depuis Louis XIII, à très peu (p. 071) d'années près, nous avons eu la haute main et commandé souverainement. Voyez la régence de Marie de Médicis et l'ascendant que la duchesse d'Aiguillon, notre grand'tante, prit sur le Cardinal de Richelieu. Voyez Anne d'Autriche, pendant la longue minorité de Louis XIV, puis madame de Montespan et madame de Maintenon. Sous le régent Philippe, il y avait dix favorites pour une; sous Monsieur le Duc, madame de Prie; sous le feu roi, madame de Châteauroux, madame de Pompadour, et vous.

—Oui, Cotillon I, Cotillon II, Cotillon III; mais aujourd'hui c'est le tour des sultanes légitimes; la reine a su prendre de l'influence; elle est roi et a raison de l'être.

—De toutes les manières, si une des nôtres ne peut être reine en vertu de sa naissance, il nous reste une belle fiche de consolation, celle de faire toujours la loi aux rois.

La duchesse aurait pu remonter bien plus haut que Louis XIII dans l'armorial féminin. Sous Clovis, Sainte Clotilde portait déjà les culottes; Blanche de Castille faisait mieux, elle enfermait à clef Saint Louis pour l'empêcher d'aller embrasser la reine. Partout où les hommes règnent, les femmes gouvernent, et le contraire ne se voit pas; c'est une quenouille bien embrouillée, la Loi Salique est un grand mot. Des mots, des mots, des mots, comme dit Hamlet.

L'Assemblée des notables. (p. 072)

1788.—J'étais depuis huit ans Agent général du clergé. L'Église de France formait un État dans le royaume. Elle avait son roi à Rome et se gouvernait elle-même. Je fus son ministre et, pendant ces années d'apprentissage des hommes et des affaires, j'appris à les conduire et à les traiter, comme un professeur qui s'instruit en enseignant. On m'accordait de l'esprit, on me reconnut de la capacité. Mes fonctions me laissaient la main haute et libre; la jeune Amérique était à la mode, j'armai un corsaire contre les Anglais, de moitié avec Choiseul-Gouffier, et le maréchal de Castries, ministre de la marine, nous donna des canons.

Pendant le rude hiver de 1788, le Trésor royal était vide, la famine à son comble, et le roi appela l'Assemblée des Notables, dont je fus nommé membre.

Les Notables étaient réunis pour constater et étudier les (p. 073) souffrances de la nation bien plus que pour les soulager et y porter remède. C'était une consultation générale, un congrès de médecins politiques. Ils avaient interrogé le patient et savaient le nom de sa maladie; quant à la guérir, ce n'était pas leur affaire, et celui qui eût affiché cette prétention n'eût pas manqué de scandaliser la Faculté: «Eh! mon ami, si nous connaissions le remède, nous commencerions par nous guérir nous-mêmes. Nous ne sommes pas des charlatans, nous croyons à la médecine, et la preuve en est que nous nous soignons comme les autres d'après les ordonnances de nos confrères. Et ils disaient vrai; car en l'an de disgrâce 1788, le Clergé et la Noblesse étaient en plus fâcheuse position que le Tiers. Après son triomphe, le Peuple, qui a toujours fait sa besogne en attendant qu'il le renverse à son tour, se chargea de l'opération au moyen du remède héroïque: Il supprima le malade.

L'Assemblée des Notables avait déclaré qu'il fallait jeter l'ancre de miséricorde, et quelque temps après ma nomination à l'évêché d'Autun, je fus élu député du Clergé aux États-Généraux, oubliés depuis 1614 et convoqués à bref délai.

LA RÉVOLUTION FRANÇAISE (p. 075)

Les États-Généraux.

Il faut que chacun trouve son mot dans l'énigme de la vie; il ne sert à rien qu'on vous le dise; les uns ne l'écoutent pas, les autres le prennent à contresens.

J'avais trente-cinq ans, l'âge où l'esprit est dans toute la plénitude de sa force et de son activité. Je n'avais d'autre perspective que l'ambition, et je me trouvais entre l'Église et la Politique. On dit qu'Hercule, également entre deux selles, choisit la Vertu qui lui sembla plus belle, et qui le conduisit directement aux pieds d'Omphale, ce qui implique une certaine contradiction. L'antiquité, dans ses allégories, nous (p. 076) propose ainsi parfois des énigmes que nous ne comprenons pas.

Dans cette alternative, je me rappelais l'Âne de Buridan, également sollicité par la faim et la soif, et qui, n'ayant aucune raison de commencer par manger ou boire, se laisse crever entre un sac d'avoine et un seau d'eau. Un docteur trouve que l'âne est logique; n'étant ni l'un ni l'autre, ni les deux à la fois, j'aurais bu d'abord, et après cette libation, j'aurais attaqué ferme le picotin. L'argument des écoles n'est pas des mieux choisis et il y a inégalité dans les termes. Manger est bien, boire est mieux, digérer est tout.

Je choisis la Politique. Que le Pape, qui a sacré Bonaparte, me jette les Clefs de Saint Pierre, qui a renié trois fois son Maître.

À examiner froidement la situation, le travail de vingt-cinq millions d'hommes ne servait qu'à entretenir l'oisiveté de six cent mille privilégiés qui les opprimaient, et la nation était le fumier sur lequel s'élevaient avec orgueil les fleurs patriciennes. Les dix lignes de La Bruyère sur les *Paysans* suffisent pour expliquer la Révolution française.

Comment voulez-vous qu'un peuple ne soit pas fatalement poussé et entraîné à la Révolution, quand un noble peut impunément molester, insulter et brutaliser un citoyen, faire bâtonner Voltaire à l'hôtel (p. 077) Sully, frapper Mozart, emprisonner Diderot, traquer Rousseau comme une bête fauve. Il est vrai que ce même peuple verra de sang-froid guillotiner Lavoisier, Condorcet et André Chénier; mais encore y eut-il des simulacres de jugement, dont se passaient fort bien les Lettres de cachet. Louis XVI, au jeu, écrivait sur un sept de pique le nom de Beaumarchais, et la Bastille comptait un pensionnaire de plus.

Le murmure du peuple s'élevait jusqu'au trône, d'abord faible comme une plainte, bientôt puissant comme une protestation, menaçant comme un défi, impérieux comme un ordre. Ce qu'il demandait n'était pas encore la vengeance, c'était la réparation, réparation tardive, accordée à regret par un roi médiocre, sans caractère et sans grandeur, soumis à toutes les influences de l'étranger et de sa famille, aussi incapable des grands crimes qui asservissent une nation que des fortes vertus qui la sauvent.

Le dénouement tragique de sa destinée ne saurait émouvoir. Son malheur fut celui de bien d'autres plus innocents que lui, et que leur obscurité n'empêcha pas de bien mourir. La Convention lui décerna les honneurs de son tribunal d'exception. Le juger ainsi, ce n'était pas associer la nation tout entière par ses représentants à la condamnation du Roi de France, c'était plutôt la consécration d'un titre (p. 078) qui n'existait plus. Cette inconséquence politique est affirmée par une parole révolutionnaire: «Sa tête, en tombant, ne devait pas faire plus de bruit que celle d'un citoyen.»

Il n'est pas permis de s'étonner qu'un rat abandonne le navire qui boit la mort, et passe sur le vaisseau qui tient la mer contre vents et marées. La Monarchie coulait à pic; la Révolution sauvait l'équipage et recueillait les épaves du naufrage royal.

Un mécontent est toujours un révolutionnaire; il veut, désire et attend autre chose. Quoi? Il l'ignore lui-même; mais tout changement indéterminé, comme les cartes battues, amène une nouvelle chance de gagner au joueur qui a perdu.

J'étais mûr pour être un des apôtres de cette révolution qui mâchait à vide, et qui allait broyer la vieille Europe dans l'étreinte inexorable de ses engrenages. La Révolution sabordait à coups de hache la carcasse pourrie qui avait été ma prison; elle brisa mes chaînes et me prit dans ses bras. Si j'ai eu une vraie mère, c'est celle-là. Elle a effacé l'affront de ma famille, et je me suis fait grand en me rangeant parmi les petits.

Jeté dans l'Église malgré moi, affranchi par la Révolution, brouillé avec les évêques, menacé de l'excommunication du Pape, j'ai refusé l'Archevêché de Paris, renoncé à L'Évêché d'Autun, et je suis rentré (p. 079) dans la vie civile, en perdant les soixante mille livres de ma charge. La Cour me fit des offres bien tentantes; c'était l'orange que jette le coureur à ceux qui le suivent dans l'arène olympique, je ne la ramassai pas. Je savais que je trouverais dans la caisse de l'opinion publique bien au-delà de ce qu'on me proposait, et comme j'avais besoin de m'enrichir, je prétendais appuyer plus solidement ma fortune.

Mais ce n'était pas tout. La veille du jour où je devais consacrer deux évêques, je reçus avis que le Clergé voulait me faire assassiner. Je fis mon testament en instituant pour ma légataire madame de Flahaut, et je couchai hors de chez moi, près de l'église où devait s'accomplir la cérémonie du lendemain.

À quelque temps de là, j'eus la mission de déposer entre les mains du roi une remontrance impérieuse, en l'exhortant à s'entourer des plus fermes appuis de la liberté. Comme il faut tout prévoir, c'était une poire pour la soif.

Le général Lamarque a écrit une lettre aux journaux qui critiquaient un de ses actes, et je lui dis à cette occasion: «Général, je vous croyais de l'esprit.»

J'ai (p. 080) eu cette faiblesse une fois, car il fallait bien me défendre, et voici ma lettre, qui a couru les gazettes:

«Maintenant que la crainte de me voir élever à la dignité d'Évêque de Paris est dissipée, on me croira sans doute. Voici l'exacte vérité: J'ai gagné dans l'espace de deux mois, non dans des maisons de jeu, mais dans la société et au Club des Échecs, regardé presque en tout temps, par la nature même de ses institutions, comme une maison particulière, environ 30,000 francs. Je rétablis ici l'exactitude des faits, sans avoir l'intention de les justifier. Le goût du jeu s'est répandu d'une manière même importune dans la société. Je ne l'aimai jamais, et je me reproche d'autant plus de n'avoir pas assez résisté à cette séduction; je me blâme comme particulier, et encore plus comme législateur, qui croit que les vertus de la liberté sont aussi sévères que ses principes, qu'un peuple régénéré doit reconquérir toute la sévérité de la morale, et que la surveillance de l'Assemblée doit se porter sur ces excès nuisibles à la société, en ce qu'ils contribuent à cette inégalité de fortune que les lois doivent tâcher de prévenir par tous les moyens qui ne blessent pas l'éternel fondement de la justice sociale, le respect de la propriété. Je me condamne donc, et je me fais un devoir de l'avouer; car, depuis que le règne de la vérité est arrivé, en renonçant à l'impossible honneur de n'avoir aucun tort, le moyen le plus honnête de réparer ses erreurs est d'avoir le courage de les reconnaître.»

Après une telle épître, je n'avais plus qu'à tirer l'échelle, et je reçus avec plus de philosophie l'averse des épigrammes qui pleuvaient sur moi de tous (p. 081) côtés. En voici trois des *Actes des Apôtres* du jeune Camille:

Roquette au temps passé, Talleyrand dans le nôtre,
Furent tous deux prélats d'Autun;
Tartufe est le portrait de l'un;
Ah! si Molière eût connu l'autre!
Dans ses écrits chacun a sa manière,
L'un brille en un discours, l'autre dans un rapport
Quant au prélat que la France révère,
On sait que l'*Adresse* est son fort.
Du brûlot qu'en ce jour on prône avec transport,
Ami, veux-tu savoir le père?
Tout le moelleux est de Chamfort,
À Sieyès tout l'incendiaire,
Tout ce qui cloche à Périgord.
D'Autun à son ambition
Immole sa parole et sa religion;
C'est tout simple; il a cessé d'être
Et gentilhomme et prêtre.

Celle-ci est des *Rapsodies du jour*:

Le boiteux si connu par son apostasie Se défend assez mal d'être ami d'*Orléans*: «Quel intérêt me lie à ce chef de brigands, Et qu'aurais-je avec lui de commun?» — L'infamie.

C'est (p. 082) l'Évangile révolutionnaire: «*Armez*-vous les uns les autres.»

Je fus plus sensible à la séparation d'une amie. Madame de Brionne était une des plus dignes, des plus belles et des plus grandes dames du Faubourg. Elle méprisait les *Petits hommes noirs* du Tiers, mais elle avait peur du Peuple déchaîné comme un bouledogue et qui venait de renverser la Bastille. Je courus chez elle, en apprenant sa résolution d'aller attendre aux portes de la France cette première insurrection de Paris, et je lui demandai la raison de ce départ si prompt.

—Parce que je ne veux être ni victime ni témoin de scènes qui me font horreur.

—Mais faut-il pour cela quitter la France?

—Et où voulez-vous que j'aille?

—Je ne vous conseille pas de rester à Paris, puisque vous êtes si effrayée, ni même de vous retirer dans vos terres; mais allez passer quelque temps dans une petite ville de province où vous ne serez point connue; vivez-y sans vous faire remarquer, et personne n'ira vous découvrir.

—Une petite ville de province, fi! monsieur de Périgord; paysanne tant qu'on voudra, bourgeoise, jamais.

Je n'insistai plus, et elle partit.

Je n'entrerai pas dans le détail des événements et des (p. 083) faits qui appartiennent à l'histoire; tous mes actes à l'Assemblée constituante sont consignés dans les procès-verbaux.

On a dit que j'étais passé maître dans l'art de faire travailler les autres et d'accaparer leurs talents; ce serait alors la fable renversée; *Le Paon paré des plumes du geai.* Il est vrai que ma paresse d'esprit et mon indolence de caractère expliquent mon ignorance naturelle; mais dans le nouveau milieu où je respirais, les idées me tombaient toutes faites comme des alouettes rôties.

C'était pour moi une affaire d'écrire; M. d'Hauterive l'a raconté. Il entre un jour chez moi, demandant une lettre.—Eh bien?—Il faudrait répondre.—De ma main?—Mais oui.—C'est une tyrannie; comment, composer et écrire en même temps?—Cela est absolument nécessaire.—Eh bien, je vais écrire, mais dictez.

Raphaël faisait peindre ses tableaux par ses élèves, Richelieu rimer ses tragédies par des poètes, voire Corneille. Je faisais travailler mes secrétaires et mes collaborateurs à la manière d'un chef d'orchestre qui dirige ses musiciens avec un archet sans jouer du violon.

Guilhe a rédigé le rapport lu à l'Assemblée nationale sur l'Instruction publique, spécialité qu'il partageait avec l'abbé des Renaudes, que je fis nommer par la suite membre du Tribunat, et qui me refusa (p. 084) un vote par scrupule de conscience. «Mais, lui dis-je, on ne vous demande pas votre conscience, mais votre voix.»

D'Hauterive et La Besnardière avaient la Politique et Panchaud les Finances. Panchaud, fondateur de la Caisse d'escompte et de la Caisse d'amortissement, était le seul homme capable de faire pondre la Poule aux œufs d'or sans l'éventrer. L'abbé Bourlier, depuis évêque d'Évreux, Colmache et quelques autres furent aussi d'actifs collaborateurs pour la fabrication des discours, des rapports, des dépêches, des pièces diplomatiques et des lettres.

Tout le monde y mit de la bonne volonté, du dévouement, de l'intelligence et de l'honnêteté. Voici le tableau des travaux auxquels je fus appelé à prendre part, où se résument, dans leurs formules et leurs grandes lignes, les principes et les réformes nécessaires pour réorganiser une société nouvelle en utilisant les matériaux de l'ancienne.

Abolition des titres.—Noble, je réclame l'égalité des classes et la communauté des droits; évêque, la liberté de l'intelligence humaine.

La (p. 085) proposition de Mathieu de Montmorency sur l'*Abolition des titres* méritait un compliment. Je l'aborde:

—Comment se porte Mathieu Bouchard?

—Bouchard! mais je m'appelle toujours M. de Montmorency; il ne dépend pas de moi de renier mes aïeux; car enfin je descends du grand connétable qui contribua au gain de la bataille de Bouvines; je descends de cet autre connétable qui trouva la mort sur le champ de bataille de Saint-Denis, je descends...

—Oui, oui, mon cher Mathieu, et vous êtes le premier de votre maison qui ayez mis bas les armes.

Mandats impératifs. — En acceptant le mandat impératif imposé par les bailliages, on n'est plus un député, on est un messager. Ma motion est adoptée.

Comité de Constitution. — J'ai le n° 2, entre Monnier et Sieyès. Nous avons fait de la bonne besogne. — Réorganisation sociale. La Carte de France est remaniée.

J'ai reçu la première pensée politique de Sieyès, théoricien creux et obscur, dont la formule est le titre d'un volume que Chamfort lui a donné, trouvant inutile de l'écrire.

Qu'est-ce (p. 086) que le Tiers-État? — Rien.

Que doit-il être? — *Tout.*

C'est le grelot de son tambour.

Je m'amusais à culbuter son château de cartes métaphysique, qui met des ombres partout, et qui trouve le moyen d'obscurcir la lumière avec la prétention de ne pas la laisser sous le boisseau. Six pouces d'eau trouble la font paraître plus profonde que six pieds d'eau claire qui laissent apercevoir le gravier.

Instruction publique. — L'instruction publique centralisera l'esprit de la nation comme l'assemblée en centralisera la volonté. Séculariser l'enseignement des générations futures, enlevé à l'Église et dirigé par l'État. Éducation physique, intellectuelle et morale, à tous les degrés et pour toutes les conditions. Conserver l'étude de l'antiquité unie à celle des connaissances pratiques. Écoles spéciales, Droit, Médecine, Théologie, Art militaire, Institut, Corps académique.

Unité des Poids et Mesures. — Création de premier ordre, qui s'imposera à toute l'Europe.

Loterie. — À supprimer. — Inégalité des chances comme jeu, immoralité du produit comme impôt.

Déclaration (p. 087) des droits. — Le droit des peuples est une propriété, celui des rois n'est qu'un dépôt. La liberté est plus ancienne que la tyrannie, mais il faut qu'un peuple soit majeur pour l'exercer.

Contributions et Enregistrement. — Mécanisme égalitaire des impôts, des personnes, des biens, de toutes les propriétés, de toutes les richesses.

Le peuple français est celui qui paie le plus cher pour être gouverné à bon marché.

Emprunts de Necker.—Le crédit de la France est la plus belle hypothèque de l'univers.

Biens ecclésiastiques.—Ce territoire immobilisé est une propriété nationale. La vente de ces biens de main-morte donnera deux milliards au Trésor public. Le changement des revenus du clergé en traitement le fera rentrer dans l'État par le budget. Malgré mon avis, on a fait une opération dangereuse en donnant ces biens comme hypothèque aux assignats, dont le cours forcé a déprécié la valeur.

Constitution civile du Clergé.—Je ne m'y suis pas opposé, sous la réserve de la liberté du culte et sans exiger le serment du prêtre. J'ai été des premiers à conseiller (p. 088) la réunion du Clergé et du Tiers, la vérification collective des pouvoirs et le vote par tête, non par ordre.

L'Adresse aux Français.—L'Assemblée m'a confié la rédaction de l'*Adresse à la Nation*, qui m'a valu la Présidence, pour expliquer, justifier et défendre la Constitution attaquée par les partis. Tâche facile.

Trois objections: *Tout détruit?*—Pour tout reconstruire.—*Réforme précipitée?*—Ni hésitation ni délai, de front et tout à la fois.—*Perfection chimérique?*—La société, comme l'homme, est perfectible, et les idées utiles au genre humain ne sont pas seulement destinées à orner les livres. Conclusion: Linnée a fait l'Inventaire de la Nature, la Révolution celui des principes du gouvernement des peuples et des *Droits de l'Homme*.

Tout cela était dit et fait de bonne foi, car alors on pouvait être honnête et réussir, parce que les opinions et les intérêts étaient d'accord.

La Messe de la Fédération. (p. 089)

J'ai fait adopter par l'Assemblée la date du 14 Juillet, anniversaire de la *Surprise de la Bastille*, pour la Fête de la Fédération.

Madame du Barry est allée voir les préparatifs; comme tout le monde elle y a pris part, et voici ce qu'elle m'a raconté:

«Comme j'étais fatiguée d'avoir «travaillé à la terre» à me donner des ampoules, je me suis mise en quête de chercher dans la foule madame de Mortemart et messieurs de Cossé et de Mausabré qui m'avaient accompagnée.

«Un jeune homme m'offrit son bras pour m'aider à les retrouver, mais cela fut impossible. Je priai donc mon inconnu de me reconduire. Sa courtoisie ne se démentit point; nous prîmes le premier fiacre venu et nous partîmes. J'étais peu à mon aise avec cet étranger; mais il entama une conversation animée et brillante. Je l'examinai alors avec plus d'attention. (p. 090) Il avait une figure charmante, quelque chose de doux et de gracieux dans les traits; l'envie me prit de savoir son nom, je le lui demandai. Il s'appelait Saint-Just.

«Le duc de Fronsac, rongé de goutte, qui venait me voir de loin en loin, nous brouilla ensemble. M. Saint-Just le prit sur un ton si haut que je dus intervenir, et je lui fis des reproches qu'il reçut assez mal. J'ai su depuis qu'il se plaint de moi, et va partout m'accusant d'être aristocrate outre mesure.»

Il y avait alors les prêtres assermentés et les réfractaires; une grande difficulté se présenta pour consacrer les premiers évêques du clergé constitutionnel, et il en fallait trois pour la cérémonie.

J'étais résolu; mais je voyais hésiter mes deux auxiliaires: Gobel, évêque de Lydda, et Miroudot, évêque de Babylone. Il fallait les décider et les engager. Pour y arriver, j'imaginai de leur jouer une comédie renouvelée des *Fausses Confidences*. La veille j'allai trouver Miroudot et lui dis: «Gobel nous abandonne; pour moi, je sais à quoi cela nous expose et ma résolution est prise; j'aime encore mieux me tuer que d'être lapidé par la foule.» Tout en parlant, je maniais nonchalamment un petit pistolet de poche qu'on appelait le *Bréviaire du coadjuteur* ou les *Burettes de l'abbé Maury*. Le joujou fit son effet, une peur chassa l'autre, et les deux augures furent (p. 091) exacts. J'en fis des gorges-chaudes avec mes amis; Dumont de Genève s'en amusa beaucoup.

J'avais un peu oublié les cérémonies épiscopales. Mirabeau, qui avait assisté dans ses prisons à plus de messes que moi, s'offrit pour une répétition générale en costume. Un autel fut improvisé sur la cheminée de Saisseval, et tout marcha bien, sauf les glapissements de ma chienne Pyrame, qui se jetait avec fureur sur mes habits sacerdotaux.

La Révolution valait bien une messe, et je l'ai dite au Champ-de-Mars, sur l'Autel de la Patrie, assisté de deux cents prêtres, en présence de la Famille royale, de l'Assemblée, des Fédérés des départements et du peuple de Paris. J'aperçus La Fayette sur son cheval blanc, l'un portant l'autre, et j'eus l'occasion de dire à ce *Général Tartufe*, qui me considérait: «Ah çà, surtout ne me faites pas rire.»

Cette comédie se termina par un souper, et j'écrivis au duc de Lauzun:

«Vous savez l'excommunication de Damoclès; venez me consoler et souper avec moi. Tout le monde va me refuser l'eau et le feu; aussi nous n'aurons ce soir que des viandes glacées et nous ne boirons que du vin frappé.»

Mirabeau. (p. 092)

Nous étions très liés; il était noble déclassé comme moi, et je lui devais un bon office. Nos relations cessèrent par suite de la vente et de la publication de Lettres secrètes sur la cour de Prusse, dans une mission qu'il devait à mon entremise. Il me considérait déjà comme un rival de politique, d'esprit et de licence, et dès lors il me traita ouvertement en ennemi.

Mirabeau tonne comme Jupiter assembleur de nuages, mais son tonnerre n'est parfois qu'une feuille de tôle, et c'est un aigle qui n'est pas toujours dans les nuages.

Quand il s'agit d'élire le président, il prit la parole pour indiquer les conditions de caractère et de talent que devait offrir le candidat. Il ne manquait qu'un trait au portrait qu'il venait de tracer, c'est (p. 093) que le président devait être marqué de la petite vérole.

Je discutais avec lui: «Attendez, me disait-il, je vais vous enfermer dans un cercle vicieux.»

Et moi de répondre: «Est-ce que par hasard vous auriez envie de m'embrasser?»

Jamais il n'a dit le fameux: «*C'est à vous d'en sortir.*» Ce langage n'aurait pas été admis.

C'est un autre député qui a crié: «*Nous ne sortirons que par la force des baïonnettes.*»

Mirabeau se pencha vers Lameth et ajouta: «*Et puis, si elles viennent, nous f... le camp.*»

D'ailleurs, presque tous les mots historiques ont été fabriqués ou arrangés après coup; à la Foire aux mensonges, l'histoire est encore le magasin le mieux approvisionné. Les actes et les discours officiels ne sont que le décor de la scène où se joue la *Grande Farce*, et le Dieu de la machine est toujours dans la coulisse.

Avril 1791.—Mirabeau chancelle comme le gladiateur vaincu sur le sable du cirque. Au premier signe de la Mort, il comprit qu'il fallait la suivre.

Il désira me voir et je me rendis au chevet de son lit: «Une moitié de Paris reste en permanence à votre (p. 094) porte; j'y suis venu comme l'autre moitié, trois fois par jour, pour avoir de vos nouvelles, en regrettant chaque fois de ne pouvoir la franchir.»

Je restai deux heures avec lui. Nous étions réconciliés, et je fus, avec La Marck, son exécuteur testamentaire. Il me remit son discours sur la *Loi des successions*, pour le lire à l'Assemblée.

Le lendemain, quelques heures après sa mort, je montai à la tribune: «M. Mirabeau n'est plus. Je vous apporte son dernier ouvrage, et telle était la réunion de son sentiment et de sa pensée, également voués à la chose publique, qu'en l'écoutant vous assistez presque à son dernier soupir.»

ANGLETERRE (p. 095)

Je songe à ce mot d'un diplomate, arrivant à Londres: «Au bout de huit jours, je me proposai d'écrire mes impressions sur l'Angleterre; au bout de huit mois, j'ai vu que ce serait difficile, et au bout de huit ans j'y ai renoncé.»

C'est l'histoire des Moutons anglais. En sortant de Douvres, ils sont blancs; en approchant de Londres, gris, et plus près, noirs. Si on les tondait, on verrait que tous ces moutons sont blancs; la coloration progressive de leur toison vient de l'action combinée de la suie, de la fumée et du brouillard.

Toutes les fois que j'observe les hommes et les choses, je pense aux moutons anglais; il faut regarder sous la peau.

Février(p. 096) 1792. — Je vais en mission à Londres avec Lauzun (le duc de Biron), mon ami et mon confident. Pour rendre hommage à la vérité, notre vie n'était pas édifiante; mais si l'hypocrisie était contagieuse, je lui offrirais en même temps l'hommage qu'elle rend à la vertu anglaise. L'aristocratie ouverte et fermée ne me pardonna pas de braver le kant, et je revins bredouille.

Dans un dîner, je me trouvai avec Fox, qui ne cessait de s'entretenir avec son enfant sourd-muet. N'est-ce pas étrange de dîner avec le plus grand orateur de l'Europe, et de le voir parler avec ses doigts?

Mai 1792. — Comme député de la Constituante, je ne puis recevoir le titre officiel d'ambassadeur, conféré à Chauvelin, et sous son couvert, je reprends les négociations pour établir une *Entente nationale* contre le *Pacte de famille* noué par la Cour avec les Maisons d'Autriche et de Bourbon. La situation politique ne me permettait pas d'espérer l'alliance, mais je gagnai la neutralité.

L'Alliance anglaise a été le pivot de ma carrière diplomatique, dont le cercle se referme à quarante ans de distance à la *Conférence de Londres* par l'*Entente cordiale*, sur le même programme, avec le même but, dans le même pays.

10 *août*(p. 097) 1792. — Je suis revenu à temps pour voir cette journée. Le jour où Hérault de Séchelles prononça la déchéance de

la royauté, je lui fis passer cette note: «*Envoyez-les à la Tour du Temple.*»

Après les persécuteurs, je ne connais rien de plus haïssable que les martyrs.

La République a été faite par des monarchistes intelligents et défaite par des républicains imbéciles. La Révolution, commencée par des sages honnêtes, a été achevée par des brigands insensés.

Je suis des Jacobins et des Feuillants, et il n'y a plus de place ici pour moi que dans une prison, dont la porte de sortie donne de plain-pied sur l'échafaud. Je retourne en Angleterre, avec une nouvelle mission que je dois à Danton.

Depuis mon installation à Londres, si je n'ai plus voix délibérative au chapitre, j'ai encore voix consultative. Je conseille donc la sagesse et la modération dans le triomphe. La France est assez grande et assez forte dans ses limites naturelles pour l'accomplissement de ses destinées. Pas de conquêtes; toute annexion est un boulet rivé au pied, une contradiction des principes de la Révolution, qui a promis non d'acquérir des territoires, mais d'émanciper les nations.

Malgré mes bonnes intentions, je me vois en butte (p. 098) aux vexations des Émigrés royalistes et aux accusations des Jacobins. Je suis entre l'Enclume de France et le Marteau d'Angleterre, ou plus justement entre le Billot et la Hache. Au début, les Anglais appelaient la Révolution une fièvre de croissance et les Russes un cancer; mais ses excès indignent l'Europe. Tous les royaumes me sont fermés, et sur une lettre de M. de Laporte intendant de la Liste civile, qui me signale en qualité de négociateur disposé à servir le roi, Robespierre me fait décréter d'accusation comme émigré. On le serait à moins. J'essaie de m'en tirer, comme la Chauve-souris, avec les Jacobins et lord Grenville:

Je suis oiseau, voyez mes ailes;
Je suis souris, vivent les rats!

J'écris aux Jacobins:

J'ai été envoyé à Londres le 7 septembre 1792 par le Conseil exécutif provisoire, et j'ai en original mon passeport, signé des six noms, conçu en ces termes: «*Laissez passer Ch.-Maurice Talleyrand, allant à Londres par nos ordres.*»

Il faut dire que je l'avais escamoté à Danton, qui s'était laissé faire dans un moment d'abandon.

Dans le même temps, j'écris à lord Grenville, qui me considérait comme un hôte dangereux:

Je (p. 099) suis venu à Londres pour y jouir de la paix et de la sûreté personnelle, à l'abri d'une constitution protectrice de la liberté et de la propriété. J'y existe, comme je l'ai toujours été, étranger à toutes les discussions et à tous les intérêts de parti, et n'ayant pas plus à redouter devant les hommes justes la publicité d'une seule de mes opinions politiques que la connaissance d'une seule de mes actions.

L'habileté est une jolie chose quand elle s'appuie sur la force. Au lendemain, Pitt m'applique l'*Alien Bill* sans autre forme de procès, et ne me donne que vingt-quatre heures pour quitter le territoire anglais, où il n'y a de poli que l'acier. Comme si les Anglais ne nous avaient pas donné l'exemple de Charles Ier.

J'appelle Courtiade, mon valet de chambre, et connaissant ses manies formalistes, je brusque la situation.

—Ma malle est-elle bouclée?

—Oui, Monseigneur.

—Je pars sur l'heure; vous pourrez faire tranquillement vos adieux à votre femme, et vous me rejoindrez par le premier paquebot.

—Non, non, Monseigneur, je vous suivrai, je ne vous laisserai pas partir seul; je ne demande qu'un court délai, jusqu'à demain.

—Les heures sont comptées pour moi; prenez vos dispositions.

—C'est (p. 100) bien de cela qu'il s'agit! s'écrie Courtiade, pleurant et gesticulant; cette maudite blanchisseuse a emporté toutes vos chemises fines et vos cravates de mousseline; quelle figure Monseigneur ferait-il dans un pays étranger?

Ceci est du tragi-comique à la Shakespeare.

Les nations étrangères, aveugles et jalouses, ont laissé la France se noyer dans la boue et le sang, sans comprendre que leur intérêt était de sauver la royauté. La République est contagieuse et elle a inoculé la Révolution à l'Europe, qui est en faillite et suivra son exemple. Mais que serait-il advenu de la France enfermée dans un cercle de monarchies, sans les victoires de la République et celles de Napoléon? En 1795, les émigrés de 1815 avaient vingt ans de moins. Beau sujet de réflexions.

AMÉRIQUE (p. 101)

Février 1794. — Je m'embarque pour l'Amérique, avec Beaumetz et La Rochefoucauld-Liancourt, sur un vaisseau danois. Une frégate anglaise vient faire une visite à bord, et je me déguise en cuisinier. C'est le commencement de mon Odyssée; mais j'en ai vu bien d'autres; j'ai eu plus de vicissitudes et de traverses qu'Ulysse, le Père de la diplomatie, moins Pénélope.

L'Amérique est une fille de l'Angleterre, qui s'est affranchie de la tutelle de sa mère. Les Américains savent trop de politique pour croire, de nation à nation, à la vertu qu'on appelle reconnaissance, et ils en savent assez pour pratiquer l'ingratitude.

J'ai (p. 102) trouvé à New-York quelques débris de la Constituante qui n'avaient pas l'air de se consoler entre eux. La politique ne nourrissant pas son homme, dans ce pays où il y a trente-deux religions et un seul plat, je m'établis épicier, profession qui exige des connaissances encyclopédiques.

C'est en cette qualité que je fis la rencontre, dans le marché aux légumes de New-York, de la belle madame de la Tour-du-Pin, fermière aux environs, assise sur son âne, en costume de paysanne, apportant ses légumes et ses fruits à vendre à messieurs les républicains d'Amérique. Nous renouâmes connaissance, et elle n'envisageait pas la situation sous son côté mélancolique.

— Et que faites-vous ici?

— Hélas! madame, je suis épicier; je m'ennuie et je vieillis.

— Moi, vous voyez, je suis fermière, comme à Trianon; on ne peut pas vieillir tout le temps, et je le passe à rajeunir en attendant l'heure du berger.

— Et celle de la bergère?

— Pas moi; il vaut mieux envoyer les hommes paître que de les y mener.

Cette rencontre me rappela le souvenir de madame de Brionne: «Paysanne tant qu'on voudra, bourgeoise, jamais.»

On ne m'y reprendra plus à faire des révolutions pour les autres.

LE DIRECTOIRE (p. 103)

Madame de Staël.

Juin 1795. — Au bout de deux ans d'exil, d'inaction et d'ennui, à la veille de passer aux Grandes-Indes, Thermidor apparaît comme un arc-en-ciel, mieux, comme une aurore boréale. Le dernier coup de bascule a décapité Robespierre. Le volcan révolutionnaire ne crache plus, mais une colonne de fumée légère témoigne qu'il n'est pas éteint. J'adresse à la Convention une pétition pour obtenir ma rentrée en France, et j'écris à madame de Staël, très en faveur auprès du Directoire:

«*Si je reste encore ici un an, j'y meurs.*»

Elle est touchée, fait appuyer ma requête par Marie-Joseph Chénier, l'un des deux *frères ennemis* de la tragédie révolutionnaire, dont les *Hymnes* n'ont pu effacer les *Iambes* d'André. M. J. Chénier fait un rapport, rappelle mes services et, plus heureux pour ma cause que pour celle de son frère, obtient un décret de rentrée qui termine mon exil; aussi, c'est (p. 104) de bon cœur que je lui pardonne son épigramme:

L'adroit Maurice, en boitant avec grâce,
Aux plus dispos pouvait donner leçons;
À front d'airain unissant cœur de glace,
Fait, comme on dit, son thème en deux façons.
Dans le parti du pouvoir arbitraire,
Furtivement il glisse un pied honteux;
L'autre est toujours dans le parti contraire,
Mais c'est le pied dont Maurice est boiteux.

L'heureuse enfance et l'adolescence de mademoiselle Necker (madame de Staël) avaient été si parfaitement dirigées du côté de la pudeur, qu'elle ne voulait pas faire sa toilette devant le petit chien de sa mère; mais, pour la chienne de son papa, c'était différent; à raison du genre femelle, elle s'habillait en sa présence et sans la moindre difficulté.

Le culte de madame de Staël pour son père était sincère; mais elle l'affichait avec une sensibilité théâtrale qui pouvait sembler exagérée, car sa place était auprès de lui pour consoler sa vieillesse dans sa retraite, au lieu de rechercher des succès de salon. Il est vrai que

La solitude effraie une âme de vingt ans,

mais elle les avait plutôt deux fois qu'une.

Comme (p. 105) épistolière, la Sévigné de Genève ne fut pas aveuglée par les différents soleils qui brillèrent dans son ciel. Le style, c'est l'homme, — avec lequel elle avait causé. Dans son salon, à l'encontre de mademoiselle de Lespinasse, dont l'art était de faire briller tous ses fidèles, elle les éteignait et prenait le dé de la conversation. Elle s'y préparait comme l'orateur s'exerce à l'effet d'un discours à la tribune, et ce travail lui occasionnait une fatigue qui hâta sa fin.

1796. — Le véritable exil n'est pas d'être privé de sa patrie, c'est d'y vivre et de ne plus rien y trouver de ce qui la faisait aimer. Où la chèvre est attachée, elle broute à la longueur de sa corde, et je n'ai pas trop à me plaindre. Aux circonstances comme aux circonstances, au temps comme au temps,

Le malheur est partout, mais le bonheur aussi.

Depuis mon retour, j'étais sans influence et sans argent, ce qui est pour moi le comble du malheur. On me rencontrait boitant dans les rues; mais je n'en avais pas moins tous les matins quarante personnes dans mon antichambre, et mon lever était celui d'un prince.

Je n'avais qu'une corde à mon arc, madame de Staël, et je lui parlai à cœur ouvert.

—Ma (p. 106) chère enfant, je n'ai plus que vingt-cinq louis; il n'y a pas de quoi aller un mois; vous savez que je ne marche pas et qu'il me faut une voiture. Si vous ne me trouvez pas un moyen de me créer une position convenable, je me brûlerai la cervelle. Arrangez-vous là-dessus; si vous m'aimez, voyez ce que vous avez à faire.

Le *Bréviaire du coadjuteur* et les *Burettes de l'abbé Maury*, qui m'avaient si bien réussi avec Gobel, me servirent encore mieux avec madame de Staël, et la voilà aux champs.

—Ne prenez aucune détermination avant de me revoir; je remuerai ciel et terre, et pour commencer, je cours chez Barras. Que faut-il demander?

—Un poste au ministère des Relations extérieures; une fois dans la place, je saurai bien trouver le portefeuille.

Elle se met en campagne.

Barras a besoin de me voir, avant d'en parler à ses collègues, et je me rends à Suresnes où il avait une petite maison de plaisance. Il m'accueille fort bien et nous commençons à causer en attendant le dîner. Il me montre la difficulté de faire accepter par le Directoire un aristocrate, un prince, un évêque. Au cours de la conversation, on lui annonce à brûle-pourpoint que son favori vient de se noyer en se baignant dans la rivière, et il se livre, sans (p. 107) retenue devant moi, à un violent accès de désespoir.

Je restai alors silencieux, sans essayer de placer une parole de condoléance; mais à mon attitude réservée, à mes regards, il comprit que je respectais sa douleur. Il finit par se calmer par degrés, revint à moi, et une fois à table, la conversation politique opéra une diversion qui le décida en ma faveur.

De 1792 à 1795, il n'y avait pas eu de diplomatie; le mécanisme et la langue de cet instrument étaient alors aussi inutiles que la boussole sur un navire désemparé, battu par la tempête. Ceux qui parlaient au nom de la France s'appelaient Charles Delacroix, Buchot, Deforgues, Lebrun-Tondu, qu'on rétribuait comme des pelés.

Buchot, ancien maître d'école, fut commis d'octroi au quai de la Tournelle. En 1808, il m'écrivit qu'il était malade et sans ressources à l'Hôtel-Dieu, et je lui fis allouer une pension de 6,000 francs. J'étais payé pour savoir qu'il ne faut pas gâter le métier, et nul ne prévoit si la Fortune ne l'écrasera pas un jour sous sa roue.

Le ministre Charles Delacroix ne réussissait guère; les ambassadeurs et les diplomates étrangers étaient mal à l'aise avec les façons et les mœurs révolutionnaires. La France avait des généraux vainqueurs, il lui fallait des diplomates. L'Épée et la Plume ne vont pas l'une sans l'autre, et Charlemagne scellait ses ordres avec le pommeau du glaive.

Barras fit valoir ces raisons, insista sur ma capacité reconnue, (p. 108) et je fus nommé ministre des Relations extérieures.

1797.—Me voilà réinstallé à Paris, rue du Bac, à l'Hôtel Galliffet, vaste et bien aménagé.

Dans le même temps, l'Institut m'ouvre ses portes, se souvenant que j'étais le promoteur de sa création, et m'élit membre de la classe des Sciences morales et politiques, dont je deviens le secrétaire. Comme tribut de bienvenue, je fis deux mémoires: *Les Relations commerciales des États-Unis avec l'Angleterre,* et le *Tableau de l'Amérique du Nord, avantages à retirer des colonies nouvelles après les révolutions.* En voici l'argument: «Remplacer les anciennes colonies perdues, et ouvrir des routes et des débouchés à tant d'hommes agités qui ont besoin de projets et d'activité, à tant de malheureux qui ont besoin d'espérance.»

Cela me rappelle le temps où je m'ennuyais ferme à New-York en compagnie d'un collègue de la Constituante, le marquis de Blacous. Pour nous distraire, nous avions parcouru ensemble toutes les villes d'Amérique. Étant ministre, j'engageai mon compagnon d'exil et d'infortune à revenir en France. Blacous était homme d'esprit et joueur forcené; réduit aux expédients, il me demanda une place de six cents livres, je négligeai de le recevoir et de lui répondre, (p. 109) et j'appris que, fatigué de la vie et de ses créanciers, il s'était brûlé la cervelle. Un ami commun m'en fit de vifs reproches: «Vous êtes pourtant cause de la mort de Blacous.» Je lui répondis en bâillant, le dos à la cheminée: «Pauvre Blacous!»

Je m'entends bien au Directoire avec Barras; mais Rewbell me contrecarre et dérange mon jeu. Il ne sait que s'asseoir dans les plateaux de cette balance à faux poids, où un coup de pouce suffit pour faire osciller l'équilibre européen.

Au cours d'une séance orageuse du Directoire, il me jette une écritoire à la tête en criant: «*Vil émigré, tu n'as pas le sens plus droit que le pied.*»

À quelque temps de là, Rewbell, qui était louche, me demande comment vont les affaires:—«*De travers, comme vous voyez.*»

La Reveillère-Lépeaux est d'un autre genre de comique. Il a lu, en 1794, à l'Institut, un mémoire sur la *Théophilanthropie* et la forme à donner au nouveau culte. Je n'ai qu'une observation à faire sur cette manie: Jésus-Christ, pour fonder sa religion, a été crucifié et est ressuscité; La Reveillère devrait tâcher d'en faire autant.

Barras prépara avec eux le coup d'État du 18 Fructidor, en sacrifiant Barthélemy qui louvoyait et Carnot qui s'opposait.

Madame (p. 110) de Staël fut tenue à l'écart. Elle avait des opinions républicaines et des amitiés aristocratiques, et son indiscrétion dans les affaires la fit éloigner. Si elle a travaillé au 18 Fructidor, elle n'a pas fait le 19. Compromise dans les deux camps, sa conduite fut plus courageuse qu'habile, et elle repêcha ses amis après les avoir jetés à l'eau.

La première fête que j'ai donnée à Bonaparte a été marquée par un incident qui donna lieu à une foule de commentaires.

Madame de Staël, au milieu d'un grand cercle, provoqua le jeune César à rompre une lance:

—Général, quelle est à vos yeux la première femme du monde, morte ou vivante?

Lui, avec son humeur guerrière, lui renvoya ce compliment:

—Celle qui a fait le plus d'enfants.

Voilà deux coups de raquette, et le volant par terre. Il valait la peine d'être ramassé.

Une autre fois, j'étais à souper entre madame de Staël, ombrageuse comme Hermione, et madame Récamier, souriante comme la chaste Aricie, qui ne se laissait aimer qu'en buste par cinq cents de ses amis, mais qui se faisait peindre en pied par Gérard

.....Dans le simple appareil
D'une beauté qu'on vient d'arracher au sommeil.

Sur (p. 111) ce portrait, elle a l'air de l'Innocence qui sait à quoi s'en tenir là-dessus. Dans celui de David, elle a le visage sérieux, pour ne pas dire grognon, comme si elle songeait déjà au mot de Fontenelle: «Les jolies femmes meurent deux fois.» Je me la figure ainsi, quand Benjamin Constant la menaçait de mourir à ses pieds.

—Mourez d'abord, nous verrons après.

Je perdais ma diplomatie à tenir la balance égale entre l'Esprit et la Beauté; elle penchait peut-être un peu du côté de la seconde.

—Enfin, voyons, dit madame de Staël avec une nuance de dépit, si nous tombions toutes deux à la rivière, à qui porteriez-vous secours la première?

Je parai le coup:

—Oh! baronne, je suis sûr que vous nagez comme un ange.

Quand elle donna son roman de *Delphine*, on voulut la reconnaître dans l'héroïne, et moi sous les traits de madame de Vernon, femme avide, coquette et artificieuse. Elle me demanda ce que je pensais de son ouvrage, et je lui répondis:

«On m'assure que nous y sommes vous et moi, déguisés en femme.»

Bien des années plus tard, madame George Sand, qui a adopté un nom d'homme, m'a fort maltraité aussi dans ses *Lettres d'un Voyageur*, où elle a fait de moi le type de la laideur.

On (p. 112) a fait une caricature où je suis représenté en Cupidon boiteux, assistant à la toilette de madame de Staël en Vénus, et promenant mes regards des beaux yeux du tarif des assignats aux charmes de l'ambassadrice.

Le jour où elle m'annonça sa séparation, je soupirai: «*Hélas!*»

Plus tard, elle me confia qu'elle allait se remarier, je criai: «*Bravo!*»

Elle désira que cette union restât secrète; mais elle fut aussi connue que si elle eût épousé le seigneur Polichinelle.

Je ne fus point ingrat envers madame de Staël; mais justement il faut avoir aimé une femme de génie pour goûter le bonheur d'aimer une femme bête.

MADAME GRAND (p. 113)

Le bonheur d'aimer une femme bête m'était réservé dans toute sa plénitude; mais, hélas! il n'est point en ce monde de félicité parfaite.

En revenant en France par Hambourg, le hasard me fit rencontrer dans cette ville madame Grand, dont le nom de famille était

Worlhee. Elle était née dans les Indes-Orientales, et vivait séparée de son mari, fixé en Angleterre. Bien qu'approchant de la quarantaine, elle conservait encore le charme d'une beauté célèbre, et je m'en épris à première vue. Ce qui me séduisit, c'était un nez à la Roxelane, court et pointu comme le mien, qui lui donnait avec moi comme un air de famille.

Cette illusion ne me permit pas de voir tout d'abord ses défauts. Elle était ignorante, sotte et méchante, trois qualités qui vont bien ensemble, la voix désagréable, les (p. 114) manières sèches, malveillante à l'égard de tout le monde, et bête avec délices. Je pensais qu'une femme d'esprit compromet souvent son mari et qu'une femme bête ne compromet qu'elle-même; sous ce rapport, je ne pouvais espérer trouver une femme mieux douée.

À Paris, elle vint au ministère me demander un passeport pour l'Angleterre, que j'eus la faiblesse de ne pas lui accorder séance tenante; elle revint, et de fil en aiguille, elle finit par loger chez moi.

Cette liaison ne tarda pas à amener des complications. Les ambassadeurs s'arrangeaient assez volontiers du voisinage de *la Belle et la Bête*; mais les ambassadrices ne furent pas d'aussi bonne composition, ce qui envenima les choses.

Napoléon, toujours expéditif, me donna vingt-quatre heures pour me décider: rupture ou mariage. J'avais toujours considéré le Mariage comme un sacrement qui fait double emploi avec la Pénitence; mais l'empereur se donnait le malin plaisir de me faire entrer dans le régiment des maris, et l'impératrice, qui ne savait rien refuser à personne, y employa toute son influence contre le *maudit boiteux*.

Je trouvai un prêtre, dans un village de la vallée de Montmorency, qui légalisa mon union, et madame Grand arbora mon nom comme un écriteau.

Pour (p. 115) que la confession soit complète, j'étais faible, et elle avait quelques-uns de mes secrets. La sottise a toujours assez de finasserie pour nuire, et c'est une de mes maximes que toutes les bêtes sont méchantes.

M. Grand fit comme le Chien du jardinier; il ne voulait plus être le mari de sa femme, mais il ne voulait pas non plus qu'elle en prît un autre, et l'estime qu'il avait d'elle se traduisit par une évaluation fort chère en argent.

Les naïvetés de madame Grand ont défrayé les gazettes; par exemple, cette réponse immortelle à sir Moore, l'ami de lord Byron: *Je suis d'Inde.*

J'avoue que je favorisais parfois les manifestations de cette bêtise proverbiale avec un plaisir qui n'était pas exempt de férocité.

Un jour que j'avais à dîner sir George Robinson, madame Grand, désirant placer quelques compliments à son adresse, me demande une relation de ses voyages, et je lui donne *Robinson Crusoé*, qu'elle s'empresse de parcourir.

On se met à table, la conversation s'engage; elle cause avec M. Robinson, lui demande des nouvelles de son domestique *Friday (Vendredi)*, et du perroquet, parle (p. 116) du chapeau pointu, et exprime son horreur sur le festin des Cannibales.

Je crois que cet échantillon suffira. À ce degré, la bêtise devient un cas intéressant qu'il convient d'admirer, comme un type qu'il faut garder complet.

J'aurais pris mon parti de cette bêtise amère, si le caractère difficile et l'humeur insupportable de madame Grand n'avaient broché sur le tout. Le ridicule ne tue pas, car elle en serait morte, et moi du même coup.

Pour échapper à cette servitude imposée et me distraire de mes ennuis journaliers, je fis venir de Londres ma petite Charlotte, qu'on a cru ma fille et qui la devint en effet. Sa mère était mon amie; elle me l'avait pour ainsi dire léguée en mourant, et je n'eus pas à m'en repentir. Je m'attachai à cette enfant, affectueuse et bien douée, je la fis élever sous mes yeux, surveillant de près son éducation. À dix-sept ans, je l'adoptai en lui donnant mon nom, et je la mariai à un de mes cousins. Toute la famille désapprouva cette mésalliance; mais Charlotte avait été à l'école de la patience; elle sut se faire bien venir des Talleyrand, qui finirent par ratifier son choix et le mien.

Cependant (p. 117) madame Grand me donnait plus de fil à retordre que toute la diplomatie de l'Europe. Son humeur acariâtre s'aigrissait à mesure que sa beauté passée se perdait dans l'envahissement d'un embonpoint excessif. Elle prenait en aversion tous mes amis et toutes mes amies; mais elle avait beau tenir le haut du cercle et faire parade de ses toilettes trop riches, elle était à peu près étrangère à tout le monde. Je ne m'occupais guère plus d'elle que si elle n'avait pas existé, je ne lui parlais jamais, je l'écoutais encore moins, et je ne m'inquiétais pas davantage des distractions qu'on l'accusait de chercher dans son entourage.

L'empereur appuyait sur la chanterelle, par la façon dont il subissait sa présence à la cour.

Elle était parfois l'objet de ses plaisanteries de mauvais goût; il ne se gênait pas pour nommer ses sigisbés, et il alla même jusqu'à me demander si j'en étais jaloux.

—J'ignorais, sire, répondis-je avec indifférence, que les sigisbés de cour pouvaient intéresser la gloire du règne de Votre Majesté.

Je ne sais si cette réflexion éveilla en lui le souvenir des Muscadins de la Malmaison, mais l'incident en resta là pour cette fois.

Je bus le calice d'amertume jusqu'à la lie. Au retour d'Espagne, où il me retira mon titre de Grand chambellan, madame Grand fut exclue des invitations. Son (p. 118) favori, le duc de San-Carlos, fut exilé à Bourg-en-Bresse, et elle se retira quelques mois dans une terre en Artois.

Le Corse me faisait manger du fer; le *Roi Nichard*, sobriquet de ma fabrique décerné à Louis XVIII, me fit avaler des couleuvres et des vipères. Dans le temps qu'il ordonnait à Châteaubriand de reprendre sa femme, il m'accordait la faveur de renvoyer la mienne dans l'Île de sir George Robinson, ce qui nous a valu cette épigramme:

Au diable soient les mœurs, disait Châteaubriand,
Il faut auprès de moi que ma femme revienne;
Je rends grâces aux mœurs, répliquait Talleyrand,
Je puis enfin répudier la mienne.

Madame Grand retourna donc en Angleterre avec une pension de 60,000 livres.

Un beau jour, sous le ministère du duc Decazes, elle revint à Paris.

C'était encore une malice du *Roi Nichard*. Il ne manqua pas de m'en parler avec intérêt, en me demandant si la nouvelle de son retour était vraie.

—Rien de plus vrai, sire; il fallait bien que, moi aussi, j'eusse mon Vingt-mars.

Depuis (p. 119) 1815, j'ai vécu absolument séparé de madame Grand, et l'inscription funéraire de sa tombe n'indique que le lien purement civil qui nous a unis[3].

BONAPARTE (p. 121)

L'homme a besoin d'enthousiasme, d'illusion, de merveilleux; le Français ne peut s'en passer et il veut du nouveau, une chose ou un homme. Quand on ne croit plus aux idées, il faut bien qu'on croie aux personnes.

Les dominateurs ne sont ni de grands génies, ni de grands savants, mais des hommes d'action qui ont un but visible, une pensée fixe, la volonté et la persévérance.

Le monde est à Bonaparte. C'est le jeune héros de la France, l'idole de Paris.

Le vainqueur de l'Italie et de l'Autriche est forcé de penser vite et d'agir rapidement; il manœuvre ses soldats et décide du sort des peuples et des rois sur (p. 122) une carte, en une heure, et il reste maître de lui dans les plus terribles moments.

La pensée de Richelieu est réalisée: «*Jusqu'où allait la Gaule, jusque-là doit aller la France.*» Nous avons pris; maintenant il faut garder, s'établir solidement dans ces limites, ne plus en sortir, et faire mentir le proverbe: «*Ayez le Franc pour ami, non pour voisin.*»

La Campagne d'Égypte. (p. 123)

1798. — Le Directoire est caduc, sa politique tortueuse et passionnée. Il sent son maître et cherche déjà à s'en affranchir ou à le supprimer. Je vire de bord, toute ma toile au vent. Loin de redouter l'ambition de Bonaparte, je la favorise, sachant bien qu'à l'heure du danger, il faudra la solliciter pour nous sauver.

Le 18 Fructidor a courbé la tête des royalistes et le 19 a relevé celle des jacobins.

La Liberté, l'Égalité et la Fraternité sont trois sœurs jumelles que les républicains ont étouffées au berceau. La Révolution ne tend pas à élever les petits, mais à abaisser les grands; loin de favoriser l'avènement des capacités, elle en prend ombrage et les supprime. En se faisant petit, on ne grandit pas les autres, mais on reste inaperçu. Quiconque est (p. 124) supérieur, intelligent, beau, riche, honnête, aimé, heureux, humilie la foule; une tête qui dépasse son niveau doit être fauchée; c'est l'histoire des Pavots de Tarquin.

La République d'Athènes était une démocratie gouvernée par des aristocrates auxquels elle faisait payer cher l'orgueil de la commander. Elle ne se contentait pas de frapper un général vaincu, elle ne pardonnait guère aux victorieux. Depuis Aristide le Juste jusqu'à Bonaparte, c'est l'éternelle comédie renouvelée des Grecs, comme le jeu de l'Oie.

Après Campo-Formio, où la victoire était consacrée par une paix à la Bonaparte, le jeune César fut condamné à l'ostracisme, et on lui donna le commandement de l'Expédition d'Égypte.

Je l'encourageai de mon mieux et j'allai jusqu'à lui promettre que je partirais dans les vingt-quatre heures comme ambassadeur à Constantinople, d'où je lui enverrais les clefs du Caire. Il s'embarqua avec cette illusion, aussi décevante que le mirage du désert qu'il allait traverser.

Il était sans argent. Je lui prêtai cent mille francs qui dormaient dans un tiroir de mon secrétaire, et sans ce subside, il serait arrivé les poches vides en Égypte. Comme il ne croyait pas à la générosité politique, et surtout à la mienne, il en chercha les motifs. Quand il n'y a pas une raison, il y a une cause et la voici:

Toutes (p. 125) les passions sont des sœurs jumelles qui se ressemblent. Demandez à un joueur quel est le plus grand plaisir après celui de gagner, il répondra: perdre; à un amant quel est le plus grand bonheur après celui d'être aimé, il répondra: être haï. La passion malheureuse est préférable à l'indifférence du cœur, et l'insensibilité est le pire de tous les maux. Le bonheur et le malheur, la joie et la douleur sont des mots vides. Gagner ou perdre, être ou n'être pas aimé, sont des genres d'émotions différentes; l'âme est dans sa plénitude d'activité. Jouer, aimer, tout est là, et le reste n'est rien.

Mes cent mille francs étaient fort aventurés, non sur le hasard d'un coup de dés, mais sur la chance d'une combinaison de cartes.

Bonaparte avait trente ans; il était ambitieux, illustre, à la tête d'une armée. J'avais quarante-cinq ans; j'étais ambitieux comme lui, à la remorque de Barras, dont le rôle était fini. Si Bonaparte trouvait son tombeau dans la crypte des Pharaons, ma créance mourait avec lui; mais si le triomphateur du Capitole revenait avec la légende orientale des Pyramides, sa couronne de lauriers était nimbée d'une auréole d'or, et César me reconnaîtrait pour un des siens. C'était une belle partie à jouer.

Ma Fortune. (p. 126)

J'ai fait, défait et refait ma fortune plusieurs fois, et par tous les moyens à ma disposition, en vertu de ce principe que les dupes ne sont que des fripons maladroits.

J'ai les mains percées et elles semblent avoir la propriété de volatiliser les métaux. Je dépense beaucoup, j'ai un train de grande maison, le meilleur cuisinier de Paris,

Carême, puisqu'il faut l'appeler par son nom.

Tout cela ne se paie pas avec des tabatières, des brillants et des portraits de souverains, mais en louis d'or sonnants et en écus trébuchants. Je n'ai jamais aimé les assignats. Je considérais ma situation comme une mine d'or; je ne vendais pas le bon droit, (p. 127) je faisais payer mes services. De là les accusations de concussion, de corruption, de vénalité, de trahison et de brigandage, toutes les herbes de la Saint-Jean.

Cela a commencé en juillet 1799, au sujet de la saisie des navires américains. Je ne m'étonne pas facilement; mais ces bons Yankees qui s'indignent parce que Sainte-Foix leur demande de l'argent, 1,200,000 francs, on n'est pas plus Anglais que cela. Il est heureux que je n'aie pas eu le Portefeuille des Finances. On ne m'en a pas moins forcé de donner ma démission, pour ne pas froisser l'opinion publique. J'ai remis mon portefeuille à Reinhard, Wurtembergeois, bègue et fidèle. Il a tenu les cartes, j'ai continué la partie, et quatre mois après, il a quitté le jeu en me les remettant dans la main.

Madame de Staël fut encore plus austère et plus indignée que les Américains. Elle ne pouvait en croire ni ses yeux ni ses oreilles; elle me fit une scène éloquente à mourir de rire, et voilà comment, après une amitié de dix ans, nous avons été brouillés et à couteaux tirés pour la vie. *Corinne* ne prévoyait pas que Bonaparte serait Empereur de France et Roi d'Italie, qu'il m'appellerait au Capitole et la précip-

iterait de la Roche tarpéïenne. Mais ce n'était là que le commencement.

Le Dix-huit Brumaire. (p. 128)

1799.—J'ai gagné. Bonaparte est revenu. Il est dieu.

Le Directoire avait confisqué le pouvoir, Bonaparte a confisqué le
Directoire. Un usurpateur est celui qui met les républiques dedans;
un libérateur est celui qui les met dehors.

Chaque mot a son poids; il fallait sortir un instant de la Constitution pour y rentrer définitivement.

Après le coup d'État du 18 Brumaire, le jeune général me fit appeler au Luxembourg avec Rœderer et Volney. Il nous remercia, au
nom de la patrie, de notre concours actif à la nouvelle révolution, et
je lui adressai une question qui n'appelait pas de réponse:

«Où est le tyran qui nous rendra la liberté?»

Montrond. (p. 129)

Le 19 Brumaire, je me rendis à Saint-Cloud avec Montrond, qui
me servait d'aide-de-camp. Bonaparte pâlit en apprenant qu'il était
mis *hors la loi.* Montrond avait surpris cette impression, et je l'enten-
dis répéter entre ses dents, à dîner et pendant la soirée: «*Général
Bonaparte, cela n'est pas correct.*» C'était le seul à qui cette observation
pouvait être permise, car, au physique et au moral, il n'a jamais
connu cette émotion qu'on appelle la peur, et on l'avait surnommé
Talleyrand à cheval.

Achille avait Patrocle; Oreste, Pylade; Énée, Achate; Nisus, Eurya-
le; Saint-Louis, Joinville; Bayard, le Loyal Serviteur; Henri IV, Sully;
j'avais Montrond.

Je l'aimais parce qu'il n'avait pas beaucoup de préjugés, et il
m'aimait parce que je n'en avais pas du (p. 130) tout. Quand on
disait de l'un: «*Il est si aimable*», l'autre ajoutait: «*Il est si vicieux.*»
Nous nous comprenions et nous nous entendions comme si nous
avions eu chacun une double clef de nos pensées. C'était mon bras
droit, je dirais mon âme damnée, si ce n'était assez de la mienne
pour le Diable.

Montrond était un gentilhomme aventurier égaré dans une révolution, jeune, beau, élégant, spirituel, frondeur, Don Juan de la grande école, duelliste à l'épée enchantée, se battant sous la lanterne en plein midi, intrigant de haut vol, joueur comme les cartes, bourreau d'argent et panier percé à décourager les Danaïdes; avec cela, continuellement en opposition déclarée avec le gouvernement et sous le coup de l'exil ou d'une mauvaise affaire. Je l'ai toujours défendu envers et contre tous, avec une persévérance qui m'a parfois coûté cher; mais il ne me donna jamais lieu de m'en repentir; il me pardonnait mes bienfaits, ce qui est la marque d'un esprit supérieur.

Un seul trait:

—Montrond, avez-vous placé les deux cent mille francs que je vous ai donnés?

—Sans doute.

—Où cela?

—Dans (p. 131) mes poches.

—Mais c'est un poids, deux cent mille francs en or.

—J'ai commencé par dépenser ce qui n'aurait pu tenir.

Six mois après, il était à sec.

Il avait épousé mademoiselle Aimée de Coigny, qui inspira au poète André Chénier, prisonnier avec elle, l'ode à la *Jeune captive*. Après son divorce, elle devint duchesse de Fleury, puis reprit son nom de jeune fille[4].

Je passais tout à Montrond, comme à un enfant gâté; mais avec le commun des mortels quémandeurs de places et de faveurs, j'avais une méthode qui m'a épargné bien des ennuis.

Pour un compliment à un artiste, formule unique:

—Je (p. 132) n'ai jamais rien vu de plus beau.

Pour un solliciteur:

—C'est juste, mais indiquez-moi quelque chose qui vous convienne et qui soit à donner; vous conviendrez avec moi que je n'ai pas le temps de chercher une place pour vous.

Il revenait radieux et signalait une vacance:

—Eh bien! que voulez-vous que j'y fasse? Sachez, monsieur, que quand une place est vacante, elle est déjà donnée.

—Il faut cependant bien que je vive.

—Je n'en vois pas la nécessité. Serviteur *ben humbe.*

Le Consulat. (p. 133)

Le Directoire a vécu. Bonaparte est Premier consul pour dix ans et me rend le portefeuille des Relations extérieures. Je monte à côté de lui sur le siège du char de l'État; il pique l'attelage de la pointe de l'épée, moi du bec de la plume, et fouette, cocher!

J'aime la force parce que je sais m'en servir, et l'État ne doit pas être gouverné par des hommes vertueux. L'Europe est résignée, et je joue sur le velours du tapis des chancelleries. Avec Bonaparte on peut tout oser, et nous osons tout.

Lors de la création du Consulat, je trouvais fort incommode la formule officielle de: «Citoyen Premier consul, citoyen Deuxième consul, citoyen Troisième (p. 134) consul.» Je l'abrégeai en la remplaçant par trois mots latins: *Hic, Hæc, Hoc,* dont la traduction de Montrond caractérisait le rôle dans la Trinité gouvernementale: *Hic* pour le masculin: Bonaparte; *Hæc* pour le féminin: Cambacérès, et *Hoc* pour le neutre: Lebrun.

1800.—Après la seconde Campagne d'Italie de Bonaparte, c'est Rœderer qui est chargé de la Constitution cisalpine. Il prépare deux projets, l'un court et clair, l'autre détaillé et confus, qu'il me soumet.

Il tenait pour le premier, disant qu'une constitution doit être courte...

—Oui, c'est bien cela, courte et obscure.

Dans l'été de 1801, je suis obligé d'aller aux eaux, et j'écris à Bonaparte, de Bourbon-l'Archambault:

Je pars avec le regret de m'éloigner de vous, car mon dévouement aux grandes vues qui vous animent n'est pas inutile à leur accomplissement. Du reste, quand ce que vous pensez, ce que vous méditez et ce que je vous vois faire ne serait qu'un spectacle, je sens que l'absence que je vais faire serait pour moi la plus sensible des privations.

*1801.—Traité de Lunéville.—*La mort de l'empereur de Russie, Paul Ier, empêche la marche de (p. 135) l'armée franco-russe contre les Colonies anglaises.

Toujours des apoplexies; ils devraient bien changer un peu.

C'est avec une escadre qu'il faut parler à l'Angleterre.

*1802.—*L'omelette du *Concordat* ne s'est pas faite sans casser des œufs.

J'y gagne le retrait de l'excommunication lancée sur ma tête depuis la Révolution. Un bref du pape me donne l'autorisation, que je m'étais accordée tout seul, de rentrer dans la vie civile; mais le sous-entendu de mon mariage a été désavoué.

Bonaparte est Consul à vie.

J'ai toujours joué à la Bourse avec des nouvelles sûres, et cela ne m'empêchait pas de perdre quelquefois. C'est ce qui m'arriva pour le *Traité d'Amiens.* C'était mon œuvre; je jouai à la hausse sur cette carte maîtresse, et la Bourse baissa de 10 francs. Voilà un exemple rare du résultat des calculs de la prudence humaine. Quelle loterie que ce monde. Enfin il y a des numéros gagnants, puisqu'on y perd.

La nouvelle amusa le consul, qui me demanda:

—Comment avez-vous fait pour devenir si riche?

—J'ai acheté du Trois pour cent consolidé le 17 Brumaire et je l'ai revendu le 19.

Quand (p. 136) le bruit de la mort de Paul Ier se répandit dans Paris, il ne manqua pas de financiers pour me demander si la nouvelle était vraie. J'avais une réponse toute prête: «Les uns disent que l'empereur de Russie est mort, les autres, qu'il n'est pas mort; je ne crois ni les uns ni les autres, ceci bien entre nous; profitez-en, et surtout ne me compromettez pas.»

La Malmaison. (p. 137)

La Malmaison, résidence favorite de l'impératrice Joséphine, était singulièrement choisie. C'était le château habité par le bourreau du cardinal de Richelieu. Ce séjour, de superstitieuse mémoire, lui valut le nom de Maison du Diable, Maison maudite, *Mala domus*, Maison du mal, dont on a fait *Malmaison*, et avec Bonaparte elle ne démentit pas sa réputation tragique. Malgré cette origine, elle eut ses heures agréables.

Au sujet de la *Correspondance* du Consul, je tiens les détails suivants de madame de Genlis:

«L'impératrice Joséphine avait beaucoup de lettres de Bonaparte, écrites pendant la Campagne d'Italie; elle les laissait traîner et avait même oublié (p. 138) la cassette ouverte qui les renfermait. Un valet de chambre les offrit à madame de Courlande, qui me les confia pour en prendre copie. L'écriture était presque illisible et il y avait des choses très curieuses de ce genre: «*La nature t'a fait une âme de coton, elle m'en a donné une d'acier.*» Il montrait beaucoup de jalousie sur la société de Joséphine et il lui ordonnait d'expulser ses jeunes Muscadins. Comme elle se plaignait continuellement de sa santé et de ses nerfs, Bonaparte attribua cet état maladif à l'ennui; il lui écrivit qu'il aimait mieux être jaloux et souffrir que de la savoir malade, et qu'il lui permettait de rappeler les Muscadins.»

On sait que madame de Genlis était une Précieuse ridicule; âme de *coton* était trop vulgaire, et elle mettait dans la copie: âme de *dentelle*. Toute la littérature de l'Empire est là.

À la Malmaison, un soir, il fut question de la nomination d'un ambassadeur en Angleterre. Bonaparte mit plusieurs noms en avant et ajouta:

—J'ai envie de nommer Andreossi.

—André aussi? Quel est donc cet André?

—Je ne parle d'un André, je parle d'Andreossi. Est-ce que vous ne le connaissez pas? Andreossi, général d'artillerie.

—Andreossi; (p. 139) ah! oui, c'est vrai, Andreossi; je n'y pensais pas; je cherchais dans la diplomatie et je ne trouvais pas ce nom-là; en effet, il est dans l'artillerie.

Andreossi eut l'ambassade d'Angleterre après le Traité d'Amiens et revint au bout de quelques mois. Il n'y avait pas grand'chose à faire; cela lui convenait, et il n'y fit rien.

Mes Crimes. (p. 140)

1804. — LE DUC D'ENGHIEN.

En politique, les explications sont inutiles et les justifications ne valent rien. Tout mauvais cas est niable. Au sujet de la mort du duc d'Enghien, je ne parlerai que du fait lui-même, dont on me charge en nombreuse compagnie, et je dois reconnaître que j'ai été le conseiller et le complice de Bonaparte.

Après l'attentat de la *Machine infernale*, il voulait une *Loi des otages* contre les Jacobins et les Émigrés. Comment la faire adopter? La réponse était simple: «À quoi sert le Sénat, s'il ne fait rien?» Il a servi.

Les (p. 141) royalistes prennent le désir pour la volonté et l'espérance pour la réalisation; ils croient à l'existence de ce qu'ils souhaitent et parlent toujours, non de ce qui est, mais de ce qu'ils voudraient qui fût; ils sont confiants et imprudents dans leurs entreprises.

Georges Cadoudal avait parlé de l'arrivée en France d'un Bourbon. Je trouvai Napoléon, seul, à la table où il venait de dîner, et achevant de prendre une tasse de café. Je lui annonçai que le duc d'Enghien se tenait sur la frontière, qu'il avait paru à Strasbourg, et qu'il était peut-être venu à Paris.

Au Conseil, Cambacérès et Lebrun étaient opposés à la violence; j'étais d'avis avec Fouché de frapper un grand coup: les Jacobins exigeaient un gage contre la monarchie, et les royalistes, désillusionnés de l'idée de voir Bonaparte jouer le rôle de Monck, avaient besoin d'un avertissement significatif.

— La famille des Bourbons veut me faire assassiner, dit Bonaparte; c'est la *vendetta*, et si j'en prends un, je le ferai fusiller.

Je fus chargé de rédiger la Lettre motivée, hautaine et impérative, notifiant au grand-duc de Bade l'ordre d'arrestation et d'enlèvement du duc. On sait le reste.

Dans (p. 142) la nuit de l'exécution, j'étais dans le salon de M. de Laval; la pendule sonna deux heures du matin et je consultai ma montre: «En ce moment, le dernier Condé a probablement vécu.»

Le soir, j'ai donné un bal.

Un monarque n'est jamais cruel sans nécessité; les gouvernements commettent des fautes, jamais de crimes. Un criminel ne redevient dangereux que lorsqu'il est gracié; il n'y a que les morts qui ne racontent pas d'histoires et qui ne reviennent pas. Quant au remords, c'est l'indigestion finale des imbéciles qui manquent d'estomac.

Devais-je donner ma démission? Si Bonaparte a commis un crime ou une faute, ce n'était pas une raison pour que je fisse une sottise.

Comment me dérober à la responsabilité de cette exécution sommaire, dont Bonaparte se faisait un grief contre moi, comme plus tard de la guerre d'Espagne, que j'avais conseillée et déconseillée, selon le temps et les circonstances. Il y eut des explications d'une extrême violence sur ces deux fautes:

«Et vous avez prétendu, monsieur, s'écria Napoléon en plein Conseil, à son retour d'Espagne en 1809, que vous êtes étranger à la mort du duc d'Enghien? Je ne le connaissais pas, je ne savais pas où il était; c'est vous qui êtes venu me le dénoncer, le (p. 143) charger. Mais oubliez-vous donc que vous m'avez conseillé sa mort par écrit? Et vous allez en gémir partout, comme si vous n'aviez été qu'un aveugle instrument; cela vous va bien[5].

Bien des années écoulées, je croyais être délivré du poids de cette faute de Bonaparte, dont j'avais été le conseiller secret et l'instrument invisible; mais le vieux prince de Condé n'entendait pas de cette oreille-là. Je voulus en avoir le cœur net, et un jour je me fais annoncer: «Monsieur de Talleyrand-Périgord.»

Il se lève, me reçoit, me reconnaît, puis feignant de me prendre pour mon oncle l'archevêque de Reims, alors Grand-aumônier de la Maison du Roi, autrefois son compagnon d'exil en Angleterre, il me dit avec effusion:

—Ah! monsieur l'archevêque, que je suis aise de vous voir.

Il s'empare de la conversation, et je le laisse aller à tout son train contre la Révolution, l'Empire et ceux qui les avaient servis.

—Je (p. 144) suis fâché de le dire, mais de tous ces coquins, le plus odieux est sans conteste monsieur votre neveu, doublement apostat comme gentilhomme et comme prêtre, et ministre exécuteur de Bonaparte, lors de l'assassinat de mon petit-fils le duc d'Enghien.

Je reçus cette averse comme jadis celles de Napoléon dans ses vilaines lunes, et je me levai pour prendre congé de l'irascible prince.

— Adieu, monsieur l'archevêque, me dit-il, venez me voir demain; mais je vous en conjure, ne m'amenez jamais le drôle que vous avez le malheur d'avoir pour neveu, car s'il avait le front de paraître ici, je me verrais obligé de le faire jeter par les fenêtres.

On ne dit pas ces choses-là, on les fait; mais si les yeux étaient des pistolets, j'étais un homme exterminé.

Voilà un des deux crimes qu'on me reproche; je parlerai en son temps de l'*Affaire Maubreuil*.

NAPOLÉON (p. 145)

Le Mariage impérial.

1804. — Bonaparte crut que plus il s'élèverait, moins on pourrait l'atteindre; en fondant une dynastie héréditaire, sa mort ne serait plus le signal d'une révolution républicaine ou monarchique, les conspirateurs se décourageraient et les ennemis de la France accepteraient son nouveau souverain. Il n'y a que deux formes de gouvernement, la Royauté et la République; tout le reste est bâtard.

Le Pape vint à Paris pour la cérémonie du sacre. Tout était prêt, la date fixée au 2 Décembre, quand un (p. 146) aveu de Joséphine révéla que son union civile du 9 mars 1796 n'avait pas été suivie du mariage religieux.

Dans une entrevue avec Napoléon, Pie VII lui déclara que l'Église ne recherchait pas l'état de conscience des Empereurs pour les couronner et qu'il était disposé à le sacrer, mais qu'il lui était impossible de couronner Joséphine sans la consécration divine de son alliance. Si vivement contrarié qu'il fût par l'obstacle et surtout par l'observation du Pape, le briseur de sceptres dut s'incliner.

Le cardinal Fesch, son oncle, fut appelé aux Tuileries, et donna, dans la Chapelle, la bénédiction nuptiale aux époux. Je fus, avec Berthier, le témoin de Napoléon et de Joséphine; mais madame

Grand ne fut pas invitée. Le lendemain, par un froid rigoureux, je pus voir la *Petite Créole* couronnée impératrice par les mains de ce petit Bonaparte que son notaire l'avait engagée à ne pas épouser, parce qu'il n'avait que la cape et l'épée.

Il faut, pour le séduire, étonner le vulgaire;
Ce qui brille l'attire aux filets du pouvoir,
Ainsi que l'alouette il se prend au miroir.

Quand je regarde la vaste toile de David, où il a représenté cette cérémonie à Notre-Dame, je songe au mot de Shakespeare: «L'avenir est plein de choses absurdes.»

L'Épée et la Plume. (p. 147)

1805.—Napoléon est Empereur de France et Roi d'Italie. L'Aigle tient l'Europe dans ses serres, et mon œil le suit à vue comme la Paix suit la Victoire.

La France est la seule puissance parfaite, parce que seule elle réunit les deux éléments de grandeur inégalement répartis entre les autres, les richesses et les hommes. La Russie est une puissance factice, cauteleuse, qui ne s'associera jamais à une généreuse entreprise sans y être directement intéressée. L'Autriche est un boulevard suffisant contre le Nord, et il faut créer le Royaume de Pologne. L'Eau à l'Angleterre, la Terre à la France: voilà la solution du problème européen.

À Austerlitz, je propose à Napoléon un projet d'Équilibre qui assure la paix du monde pour un siècle:

Il ne m'appartient pas, sire, de rechercher quel était le meilleur système de guerre; Votre Majesté le révèle en ce moment (p. 148) à l'Europe étonnée. Mais voulant lui offrir un tribut de mon zèle, j'ai médité sur la paix future, objet qui, étant dans l'ordre de mes fonctions, a de plus un attrait particulier pour moi, puisqu'il se lie plus étroitement au bonheur de Votre Majesté.

Il ne m'écoute pas, et, quand il m'écoute, c'est comme si je chantais. Il connaît pourtant la maxime orientale: «*On veut et tu ne veux pas; tu voudras et on ne voudra plus.*» Ce désaccord creuse plus large et plus profond le fossé qui nous sépare et dans lequel il finira par tomber. Les trêves qu'il signe dans ses haltes ne marquent que les étapes de sa marche, et il se condamne à toujours combattre ceux qu'il ne pourra toujours soumettre. Une guerre engendra l'autre; il abat le vaincu sans le dompter, sans le gagner et sans le détruire; il sème la haine sur ses pas et la coalition se referme derrière lui. Il n'aspirera jamais à descendre, il sera précipité.

Au commencement, nous avions bien cordé ensemble: lui, l'action, l'œil à la victoire; moi, le conseil et l'œil au danger. Il était inventif, impétueux, hardi et méfiant; j'étais avisé, lent, prudent et frondeur; mon esprit servait de moule à ses idées, il a fini par le briser.

Je savais lui faire perdre du temps quand il voulait tout brusquer; mais ce n'était pas toujours facile; son (p. 149) impatience dérangeait mes calculs quand sa volonté ne les annulait pas, et il a souvent compromis les affaires en faisant une heure plus tôt ce que je con- seillais de faire une heure plus tard. Son cheval caracolait sur l'é- chiquier européen comme dans une boutique de porcelaine, et ce joueur irascible, après avoir renversé les pièces, le cassait sur la tête de son adversaire, ou sur la mienne. Il tordait des hommes de fer et brisait des hommes d'acier; mais j'étais d'une autre trempe et d'un autre métal. À l'entendre, j'étais un hypocrite et un traître, ourdissant des perfidies politiques, même contre lui, et jetant du ridicule sur ceux que je n'osais pas attaquer. À cela je répondais que je n'avais pas à ma disposition l'*ultima ratio regum*, le canon, ni le privilège d'insulter gratuitement tout le monde sans que personne ait le droit de me répondre. Les crises passées, nous revenions l'un à l'autre après les brouilles et les ruptures, parce que nous nous com- plétions.

Si le nez de Cléopâtre eût été plus court, la face du monde aurait changé, dit Pascal. À quoi tient le sort de l'Europe? À la vie, à la santé, à l'humeur d'un homme. Qu'une journée de soleil soit rem- placée par un jour de pluie, tous les événements prennent un autre cours et la marche de l'univers en est modifiée. Mais SI est Sa Majes- té l'Hypothèse, et il est inutile de raisonner dans le vide sur des choses (p. 150) qui n'existent pas. Si j'avais eu les jambes droites, je commanderais une armée.

J'étais une des rares personnes de la nouvelle cour ayant les tradi- tions de l'ancienne aristocratie, l'oreille des ambassadeurs et la clef des chancelleries. Je savais me faire une arme de cette politesse qui est l'insolence bien maniée, et mon empire sur moi-même ne m'abandonnait jamais, ni dans les grandes circonstances, ni dans les actes les moins importants de la vie.

Mon impassibilité et mon mutisme, qui exaspéraient d'abord Napoléon, finissaient par le calmer, comme un cheval indompté qu'on ne cherche plus à contenir et à diriger; mais on ne savait jamais où s'arrêterait ce Corse sauvage, qui faisait arrêter un pape et fusiller un prince du sang.

J'étais souvent, comme disent les Orientaux, *à cheval sur le dos du tigre* et harponné par la griffe impériale. Il y eut des scènes effroyables de violence, des orages et des tempêtes, des grondements et des éclats de tonnerre, des fureurs et des colères blanches, des débordements d'injures, des salves d'avanies, des bordées d'insultes et d'invectives.

J'avais fini par m'y habituer, et tant que cela se passait en conversations, j'attendais la fin de l'averse, qui glissait sur moi comme la pluie sur le dos d'un canard. (p. 151) J'étais cuirassé à fond, rien n'avait aucune prise et ne mordait; je dévorais les affronts et je mâchais le mépris, gardant le silence absolu et une implacable sérénité. De temps en temps, je laissais percer un de ces sourires qui valent une réplique, et quand il faisait mine de vouloir me manger, il y avait des arêtes.

—Les rois, vos rois, qu'est-ce qu'un roi?

—Sire, c'est un des mots de mon dictionnaire, que j'ai trouvé dans Corneille:

Pour être plus qu'un roi, tu te crois quelque chose.

—Corneille? À la place de Louis XIV, j'en aurais fait un prince, au lieu de nommer ministre un professeur de billard. Ce monarque est l'imbécile le plus solennel de toute l'histoire, avec sa perruque et sa grandeur qui l'attachaient au rivage, et ce n'est pas comme cela qu'on passe le Rubicon.

—La Politesse est votre ennemie personnelle; si vous pouviez vous en défaire à coups de canon, il y a beau temps qu'elle n'existerait plus.

Tout cela s'entendait et, en traversant les galeries, au milieu des officiers et des courtisans étonnés, curieux et malveillants, je me donnai le plaisir de leur dire: «*Vous avez là, messieurs, un grand homme bien mal élevé.*»

—C'est Ésope à la cour, dit une voix.

—Le parallèle est flatteur; Ésope faisait parler les bêtes.

C'était (p. 152) vraiment une ménagerie, où on mettait en action la fable des *Animaux malades de la peste.*

Je n'en finirais pas avec ces litanies du *Comediante-Tragediante*; mais si la plume a plus de fil que l'épée, la langue a plus de fil que la plume. Un taureau peut fouler un pâtre désarmé, il écume en vain contre les banderilles, et celles que j'ai plantées sont restées dans la blessure.

Pendant que je préparais le Traité de Presbourg, la Part du Lion, et que je remaniais la carte d'Europe, après Austerlitz, tous les roitelets de l'Almanach de Gotha cherchaient à passer à travers les mailles du filet et allaient se plaindre de moi à Napoléon, qui répondait: «*Combien Talleyrand vous a-t-il coûté?*»

Dans ces opérations, qui se font toujours de la main à la main, il y avait des gens qui tenaient à s'assurer que l'argent ne s'égarait pas en chemin et arrivait bien à son adresse. Je convenais alors d'une phrase insignifiante et, à la première rencontre, je disais à l'intéressé: «*Comment va Madame?*» ou: «*Avez-vous des nouvelles de M. X...?*» C'était le reçu.

L'empereur me renvoya à Paris, malgré le besoin qu'il avait encore de moi.

—Sire, lui dis-je en prenant congé, vous me sacrifiez à l'intérêt de vos généraux; vous vous rabaissez en parlant leur langage, quand vous pourriez être, (p. 153) comme César, un grand capitaine et un grand politique.

—Que voulez-vous dire? L'or est votre chancre, et je ne vous permettrai pas de trafiquer des dépouilles opimes.

—Vous voilà bien, Sire. Vous vous êtes adjugé la France et une partie des autres nations, vous distribuez les trônes comme des bureaux de tabac, et vous trouvez mauvais que moi, votre ministre, qui fais toute cette cuisine et qu'on appelle le *Bourreau de l'Europe*, je m'attribue une misère, un rien, quelques millions. Vous ne me laissez pas même les miettes du festin, vous me défendez de glaner après la moisson de lauriers.

—Oui, quand l'aigle a quitté le champ de bataille, il y a assez de corbeaux sans vous.

Un jour qu'il était de bonne humeur, chose aussi rare que le soleil à Londres, il me posa cette question:

—Voyons, *Talran*, la main sur la conscience, combien avez-vous gagné avec moi?

—Le chiffre que vous demandez est comme celui de l'âge d'une femme, qui n'avoue que l'âge des autres.

—Il y en a qui ne peuvent pas le cacher, ce sont les reines; mais une femme n'aurait-elle pas intérêt à dire la vérité? En la dissimulant, elle s'expose à (p. 154) être vieillie, comme vous à être chargé par la *Cavalerie de Saint-George* de l'Angleterre.

On sait que les guinées portent l'effigie de Saint-George à cheval.

—Eh bien, Sire, en bloc, soixante millions.

—Ce ne serait pas trop cher, si le chiffre était vrai.

1806.—Je reçois en don le fief impérial de la Principauté de Bénévent, détachée des États-pontificaux.

Napoléon fait la Campagne d'Allemagne et me met tout sur les bras.

Voici un colosse qui m'assomme de l'importance du roi son maître, des troupes, des finances du roi son maître. Quel géant dans une antichambre! Ce qu'on veut lui prendre, c'est la ville natale, le berceau du roi son maître.

—Eh bien? quand l'enfant a grandi, on jette le berceau.

Un autre est dans son lit, et il n'y a de constitutionnel dans le royaume que la maladie du prince.

Enfin un ministre vient d'échapper à un attentat. Tirer (p. 155) sur le ministre, c'est manquer de politesse envers le roi.

100

1807. — *Varsovie.* — En partant pour Posen, il m'arrive un accident de voiture versée, dont je retrouve le souvenir dans ce billet à une amie:

Je vous réponds du milieu des boues de Pologne; peut-être l'année prochaine vous écrirai-je des sables de je ne sais quel pays. Je me recommande à vos prières.

C'est en Pologne que je fis connaissance avec la princesse de Tieskiewitz, sœur du prince Poniatowski, qui vint se fixer à Paris. Elle avait quarante-cinq ans, sans parler d'un œil de verre, et se montrait, comme madame de Senfit, une belle âme, fort jalouse de mes préférences, ce qui fit dire à madame de Rémusat que «c'était une infirmité d'avoir de l'amour pour Monsieur de Talleyrand.» Merci.

L'Empereur finira par me faire prendre en grippe les formes rondes, pour lesquelles j'ai toujours eu une grande prédilection, à cause de l'abus qu'il fait des boulets de canon, et nous finirons par ne plus nous entendre.

Je suis condamné à la politique de Pénélope, et après le Traité de Tilsitt, l'Aigle est perdu dans les nuages.

Séparation. (p. 156)

La place n'est plus tenable et nous ne nous entendons plus. Je demande à changer mon fauteuil de ministre contre le siège de Vice-Grand-Électeur.

Napoléon s'en étonne.

—Je ne comprends pas, me dit-il, votre impatience à quitter, pour un titre de vanité, un poste où vous avez acquis de l'importance et où je n'ignore pas que vous avez recueilli de grands avantages. Vous devez savoir que ces deux charges sont incompatibles, et que je ne veux pas qu'on soit à la fois grand dignitaire et ministre.

J'insiste, je suis fatigué, j'ai besoin de repos, et cette fois, il cède. Je conserve mon titre de Grand Chambellan, et j'obtiens celui de Vice-Grand-Électeur, — un vice de plus, — avec le traitement de 500,000 francs.

Nous sommes séparés, mais nous ne sommes pas brouillés, (p. 157) et il me consulte toujours familièrement sur les questions graves et les affaires épineuses.

En remettant le Portefeuille des Affaires étrangères à mon successeur, M. de Champagny, je lui présentai le personnel de mes bureaux.

—Monsieur, lui dis-je, voici bien des gens recommandables et dont vous serez content; ils sont fidèles, exacts; mais, grâce à mes soins, nullement zélés.

Comme il témoignait quelque surprise de ce singulier éloge, j'expliquai ma pensée:

—Oui, monsieur; hors quelques petits expéditionnaires qui font, je pense, leurs enveloppes avec un peu de précipitation, tous ici travaillent avec le plus grand calme et se sont déshabitués de l'empressement dans l'étude et l'examen des questions importantes. Quand vous aurez eu à traiter un peu de temps des intérêts de l'Europe avec l'Empereur, vous verrez combien il est nécessaire de ne point se hâter de sceller et d'expédier trop vite ses volontés.

J'amusai beaucoup Napoléon de ce récit et de l'air ébahi de mon successeur, qui ne sera pas assis sur des roses.

C'était un de mes principes appliqué à mes commis: «Messieurs, je vous défends deux choses, le (p. 158) zèle et le dévouement trop absolus, parce que cela compromet les personnes et les affaires.

Narbonne en est un des exemples. Il avait plus d'esprit que moi, cent fois plus; mais il s'attachait et se passionnait, il avait trop de zèle, il se dévouait sans mesure dans un temps qu'on est trop porté à le faire et à en abuser. Cela ne vaut rien. Il faut, en politique comme ailleurs, ne pas engager tout son cœur, ne pas trop aimer; cela embrouille, cela obscurcit la clarté des vues et n'est pas toujours compté à bien. Cette excessive préoccupation d'autrui, ce dévouement qui s'oublie trop lui-même, nuit souvent à l'objet aimé et toujours à l'objet aimant, qu'il rend moins mesuré, moins adroit et moins persuasif.

Lord Chesterfield disait à son fils: «*Doucement, doucement.*»

Il y a encore le vers de Gresset:

Le zèle n'est pas tout, il faut de la prudence.

Trois mots: *Pas de zèle.*

Après ma sortie du Ministère, j'étais allé habiter ma maison de la rue d'Anjou-Saint-Honoré. J'y recevais mes amis et mes amies, la princesse de Vaudemont, la duchesse de Luynes, la duchesse de Fleury, mesdames de Bellegarde, de K..., de Brignole, Génoise, de Souza, qui avait été madame de Flahaut, (p. 159) auteur de jolis romans. Il y avait des soirées, des bals d'enfants, des fêtes, avec madame Grassini et Crescentini, Talma et madame Talma, Saint-Prix, Lafon, etc.

La maison était trop petite pour les réceptions, et j'achetai l'Hôtel Monaco, rue de Varennes, où je menai plus grand train. Ma société devint assez éclectique, composée de grands seigneurs de l'ancien régime et du nouveau, assez étonnés de se rencontrer, d'étrangers de marque, d'hommes célèbres dont la réputation, chez quelques-uns, était inférieure au talent, et de femmes qui, si elles n'étaient pas toutes des anges, méritaient bien le titre d'amies. Il y avait même, dans le nombre, certains familiers qui n'étaient pas en odeur de vertu, et qui firent comparer mon salon à une caverne où j'élevais des reptiles.

En 1812, la banqueroute d'un gros financier embarrassa mes affaires. Napoléon me racheta l'hôtel 1,280,000 francs, pour remettre ma barque à flot, dont quittance, et j'achetai l'Hôtel de l'Infantado, rue Saint-Florentin, qu'on appelait aussi la *Petite rue des Tuileries.*

Comœdia. (p. 160)

Depuis que l'Aigle ne m'emporte plus sur les hauteurs, je végète dans une vie de loisir et de jeu, menant de front les affaires et les plaisirs, et je regarde la comédie en attendant la tragédie. J'ai vu de près le bonheur des rois et des grands; quelle misère!

Napoléon a fait 9 princes, 32 ducs, 388 comtes, 1,090 barons.

La Restauration a fait 17 ducs, 70 marquis, 83 comtes, 62 vicomtes, 215 barons, et a accordé 785 Lettres de noblesse.

Madame de X..., nommée à une charge de la cour, fait ses visites officielles en toilette plus convenable pour une soirée que pour une audience. Un homme se demande: *Que dirai-je?* Une femme songe: (p. 161)*Que mettrai-je?* C'est égal, voilà une jupe bien courte pour un serment de fidélité.

Le Chambellan d'une princesse, ancien duc et pair, a été fait comte et je l'en ai félicité, car il faut espérer qu'à la prochaine fournée il sera créé baron.

Voici le bouquet. Il y a Maret qui vient d'être bombardé duc de Bassano. Je ne connais pas de plus grande bête que Maret, si ce n'est le duc de Bassano.

Bonaparte prenait des leçons de Talma. Plus tard, il lui dit après une représentation de *La Mort de Pompée*:

«Tu entres en scène au milieu des licteurs et l'arrivée de César ne produit aucun effet; viens demain matin aux Tuileries.»

Talma s'y rend et se mêle aux courtisans, rangés sur deux haies, comparses de la figuration impériale. Les portes s'ouvrent et les chambellans défilent à pas comptés, précédant les princes, les maréchaux, les ministres, les dignitaires. Une voix sonore de héraut annonce: *L'Empereur*. Il apparaît seul, d'un pas rapide, et jette au passage un coup d'œil de triomphe à Talma.

Je (p. 162) pense au mot du Pape: *Comediante, Tragediante*.

Il y a de singuliers échantillons du sexe faible dans les réceptions officielles. On me fait admirer une belle femme athlétique; mais nous avons mieux dans les grenadiers de la garde.

La noblesse impériale donna lieu à bien des scènes, qui me rappelaient la petite phrase ironique de Napoléon: «*Qu'en dira le Faubourg Saint-Germain?*»

En voici une de la collection:

Un soir qu'il y avait cercle, la maréchale Lefebvre arriva en grande toilette de gala, couverte de diamants, de perles, de plumes, de fleurs, d'argent, d'or, etc., car elle voulait avoir *de tout sur elle*.

M. de Beaumont, chambellan de service, annonça: «Madame la maréchale Lefebvre.»

L'Empereur alla au-devant d'elle et lui dit: «Bonjour, madame la maréchale, duchesse de Dantzick», titre que M. de Beaumont avait oublié.

Elle se retourna précipitamment du côté de ce dernier, en riant, et lui cria à tue-tête: «*Ah! ça te la coupe, cadet!*»

Une (p. 163) autre fois, à dîner chez moi, elle me fit ce compliment dénué d'artifice:

— Bon Dieu, vous nous avez donné un fier fricot; cela a dû vous coûter gros.

Je ne voulus pas être en reste:

— Ah! madame, vous être *ben* honnête, ce n'est pas le Pérou.

Ce jour-là, le général M... arriva en retard. Attendre empêche de dîner, mais dîner n'empêche pas d'attendre.

— Eh bien, eh bien, vous, venir le dernier; on voit bien, mon cher Bayard, qu'un dîner n'est pas pour vous un champ de bataille.

L'Empereur considère les femmes comme des joujoux, et il les casse. Il règle toutes les fêtes, veut qu'on s'amuse à la cour et s'étonne de voir des visages allongés; mais le plaisir ne se mène pas au tambour et les dames comme des grenadiers. Je plains les chambellans, qui s'évertuent à amuser l'inamusable: «Mesdames, l'Empereur ne badine pas; il veut qu'on s'amuse: En avant, marche!»

Dans ses moments familiers d'abandon, Napoléon aimait encore à tourmenter tout le monde par des questions:

— Si (p. 164) je venais à mourir, que dirait l'Europe?

Et quand on s'est bien ingénié à montrer quel vide il laisserait dans l'univers, il ajoute tranquillement:

— L'Europe dirait: *Ouf!*

1808. — Je remplis les fonctions de Vice-Chancelier d'État, dont le titulaire en nom est le Prince Eugène, Vice-roi d'Italie, et c'est M. de Champagny, mon successeur, qui me remplace aux Conférences de Bayonne.

Napoléon, qui ne perd jamais une occasion de me taquiner, m'a envoyé à Valençay les enfants du roi d'Espagne, pour leur faire passer le temps agréablement. Je les ai reçus princièrement et leur conduite a été royale: ils ont mis à sac le château. Il y avait des foires dans le voisinage où ils achetaient des jouets à toutes les boutiques, et quand un pauvre leur demandait l'aumône, ils lui donnaient généreusement un pantin.

Entrevue d'Erfurth.—Napoléon et Alexandre, les deux arbitres du monde, se sont entendus. J'ai fait les honneurs aux rois et aux princes souverains, qui gravitaient comme des satellites autour de ces astres de première grandeur.

Au (p. 165) moment de monter chacun dans son carrosse, j'ai dit à l'Empereur de Russie: «Si vous pouviez vous tromper de voiture.»

Napoléon a apprécié les conseils que je lui ai donnés, et en me remerciant, il a ajouté: «Talleyrand, nous n'aurions pas dû nous quitter.»

C'était une éclaircie dans le ciel sombre où je voyais courir les nuages amoncelés, signes avant-coureurs de l'orage européen.

Deux coups de folie: la Guerre d'Espagne, que j'ai conseillée et déconseillée selon l'orientation de la girouette, comme je l'ai dit; mais je n'ai certes pas indiqué ni approuvé les moyens qu'on a employés pour déposséder les princes de la Maison de Bourbon. Quant à l'Enlèvement de Pie VII, le Corse est superstitieux, et il ne peut ignorer que celui qui mange du pape en crève. *Amen.*

Tragœdia (p. 166)

1809.—Un mot suffit pour séparer les destinées comme le tranchant du glaive, une goutte d'eau pour faire déborder la coupe. Un mot m'a coûté mon titre de Grand Chambellan; Napoléon m'éloigne de sa personne, la séparation est complète après quatorze années. Comme dans ses campagnes et ses traités, ses guerres et sa politique, il m'a maltraité sans me frapper, il m'a blessé sans me tuer, il a fait un mécontent de plus sans le rendre impuissant, un ennemi sans l'avoir anéanti. Il me déteste et me méprise en face; je le hais dans l'âme. La vengeance est un art peu connu, et peut-être inutile. Le Temps s'en charge; c'est un vieux juge qui appelle tout le monde à son tribunal.

Ma montre est réglée sur son horloge. L'heure est lente, mais elle sonne; la vengeance est boiteuse, mais elle vient; la ville est loin, mais la nouvelle arrive.

Mes (p. 167) batteries sont masquées et, comme disent les Anglais, *je travaille sous l'eau*. Je vois venir, je laisse faire et j'attends l'heure du berger, épiant Napoléon en observateur hostile, mais circonspect, sourdement aux aguets, marquant les fautes et prévoyant les échecs. L'ambition, l'intérêt, la haine m'excitent contre lui.

Il pouvait tout dans la victoire, je pourrais beaucoup dans les revers. Ma retraite n'est pas seulement une perte pour Napoléon, c'est sa perte, et il y court en aveugle insensé.

Il y eut des paroles terrifiantes, car chez lui l'exécution suivait la volonté ou le caprice comme le boulet suit la lumière du canon, et deux fois, j'ai lu mon arrêt de mort sur le visage de César.

Au retour d'Espagne, à son lever, il me retint seul, et le nuage creva sur ma tête, brusquement:

—Que venez vous faire ici? Montrer votre ingratitude? Vous jouez le double jeu de l'opposition. Vous espériez sans doute que je ne reviendrais pas, que je tomberais sous une balle de guérilla ou le poignard d'un moine, et vous croyez peut-être que si je venais à manquer, vous seriez le chef du Conseil de Régence. C'est une illusion que vous allez perdre à l'instant. Si j'étais malade, entendez-vous, vous seriez mort avant moi.

Je m'inclinai cérémonieusement:

—Sire, je n'avais pas besoin d'un pareil avertissement pour (p. 168) adresser au ciel des vœux ardents en faveur de la conservation de Votre Majesté.

C'est égal, je sais un gré infini à Napoléon de s'être bien porté jusqu'en 1814.

La cinquième Coalition, organisée par l'Autriche, est suivie du Traité de Vienne.

1810.—Napoléon a divorcé avec Joséphine. Au Comité des Tuileries, où j'ai toujours mon siège, je me déclare pour l'alliance autrichienne de Marie-Louise et mon avis est approuvé.

*1812.—Campagne de Russie.—*L'Impératrice me fait mander au Château. On n'a encore aucun détail, mais un fait unique: L'armée est perdue, hommes, chevaux, canons, armes et bagages. Mais voyez comme on exagère, Maret revient, et son nom ne diffère que d'une lettre avec celui de Malet, qui disparaît. Si les absents ont tort, les revenants n'ont pas toujours raison.

Au retour de la Campagne de Russie, ce fut bien une autre fête. Cette fois, ce n'étaient plus les éternelles récriminations sur le duc d'Enghien, la guerre d'Espagne, les cadeaux, l'agiotage, la pêche en (p. 169) eau trouble, et je puis dire que je vis briller l'éclair.

—Comment osez-vous paraître devant moi? Vous êtes un misérable qui avez trahi tous les gouvernements, qui trahirez ceux auxquels vous paraissez attaché aujourd'hui. Je ne vous en laisserai pas le temps, je vous ferai punir comme vous le méritez.

Je sais jouer ma tête, et tant qu'elle sera sur mes épaules, elle ne sourcillera pas.

—Je n'ai jamais trahi personne, sire, et je vous suis dévoué. Qui m'accuse? De quoi s'agit-il? Où? Mes complices? Pourquoi? Comment? Quand?

—Tenez, vous n'êtes que de la *boue* dans un bas de soie[6].

Dans l'antichambre, où des aides-de-camp, des généraux, des maréchaux, des courtisans, qui avaient entendu, me suivaient des yeux, je sentis comme un vent de sabre passer sur mes cheveux, et frappant le parquet de ma canne, je leur dis au passage: «*Messieurs, l'Empereur est charmant ce matin.*»

La boue dans un bas de soie n'était pas une nouveauté; Mirabeau (p. 170) avait trouvé cette métaphore avant lui:

«C'est de la boue et de l'argent qu'il lui faut; pour de l'argent il a vendu son honneur, il vendrait son âme et il ferait un bon marché, car il troquerait du fumier contre de l'or.»

Je racontai le trait à Montrond, tout chaud tout bouillant, et il s'écria: «*Et lui? c'est du crottin de cheval dans des bottes fortes!*»

Fouché et Cambacérès m'ont sauvé; il était temps.

Fouché s'était trouvé dans la même passe en 1810, et j'avais eu le plaisir de l'en tirer.

Napoléon, au cours de son voyage en Hollande avec Marie-Louise, avait acquis les preuves de ses intrigues dans les Pays-Bas et en Angleterre. Il réunit le Conseil où Fouché, qui avait la puce à l'oreille, brilla par son absence.

L'empereur posa, sans préambule, la question de vie ou de mort:

—Que pensez-vous, messieurs, d'un ministre qui, abusant de sa position, aurait, à l'insu du souverain, ouvert des communications occultes avec l'étranger sur des bases imaginaires et compromis la politique de l'État? Quel châtiment doit-on lui infliger?

Je (p. 171) savais affronter la colère du Corse et lui tenir tête, par le silence ou la contradiction. J'avais moi-même le doigt pris dans l'engrenage, et je rompis le morne silence:

—Monsieur Fouché a commis une grande faute, une très grande faute; je lui donnerais un remplaçant, mais un seul, Monsieur Fouché lui-même.

Napoléon haussa légèrement les épaules, congédia les ministres, et il n'en fut plus question.

«Fouché, disait-il, est le Talleyrand des clubs, et Talleyrand le Fouché des salons.»

Je m'empressai de porter la bonne nouvelle à mon compère, qui en prit thème pour me raconter une discussion qu'il avait eue dans un cas semblable avec Robespierre au Comité de Salut public, et dans le feu du récit, il laissa échapper cet anachronisme révolutionnaire:

—Robespierre me dit: «Permettez, monsieur le duc d'Otrante...»

—Ah! ah! mon cher Fouché, duc... Déjà?

Même dans les circonstances les plus graves, on ne peut pas être toujours sérieux.

L'Invasion. (p. 172)

1813.—Après Leipzig, l'Aigle a du plomb dans l'aile. On peut s'arrêter quand on monte, jamais quand on descend. Napoléon décline. Il me rappelle et m'offre le Portefeuille des Affaires étrangères; mais il me faudrait renoncer à mon titre de Vice-Grand-Électeur. Il est trop tard pour se concerter et agir. L'Empire s'écroule; Samson était aveugle quand il s'est enseveli sous les ruines du Temple. C'est le comble de la niaiserie de se faire le courtisan du malheur, et les hommes, comme les chiens, sont souvent punis de leur fidélité.

L'Europe coalisée et victorieuse propose à Napoléon, isolé et vaincu, mais encore redoutable, les limites de la France de 1789. C'est la paix et l'équilibre de (p. 173) l'Europe. Il refuse et répond à l'ultimatum des puissances:

Je suis si ému de cette infâme proposition que je me crois déshonoré rien que de m'être mis dans le cas qu'on me l'ait faite. Je crois que j'aurais mieux aimé perdre Paris que de voir faire de telles propositions au peuple français, et je préférerais voir les Bourbons en France avec des conditions raisonnables. J'ai trois partis à prendre: Combattre et vaincre, combattre et mourir glorieusement, et si la nation ne me soutient pas, abdiquer.

C'est bien ce qu'il a dit à La Besnardière:

Je ne puis faire la paix sur la base des anciennes limites, en perdant les Alpes et le Rhin, avec une frontière ouverte de cent cinquante lieues. J'abdiquerai plutôt, je rentrerai dans la vie privée, et je vivrai tranquille avec vingt-cinq francs par jour. Je voulais faire de la France la reine de l'univers. Si personne ne veut se battre, je ne puis faire la guerre tout seul. Si la nation veut la paix, je lui dirai: «Cherchez qui vous gouverne, je suis trop grand pour vous».

L'invasion commence.

Au Conseil, la question du départ de Marie-Louise et du roi de Rome fut mise sur le tapis au dernier moment. Comme je savais qu'on ferait juste le contraire de ce que je conseillerais, je m'y montrai formellement opposé.

—Sa Majesté ne saurait courir le moindre danger. Il (p. 174) est impossible qu'elle n'obtienne pas de l'Empereur d'Autriche, son père, et des souverains alliés, de meilleures conditions que si elle était à cinquante lieues de Paris.

Marie-Louise voulait une décision écrite, mais je me gardai bien de la donner. Pour couper court à la discussion, Joseph donna lecture d'une Lettre de Napoléon qui était un ordre: «*Si les Alliés approchent de Paris, l'Impératrice se retirera sur la Loire.*»

L'Empereur avait parlé, la cause était entendue et le départ fut résolu.

En sortant de la séance, clopin-clopant, je dis à Rovigo:

—Si j'étais ministre de la police, Paris serait insurgé avant vingt-quatre heures et l'Impératrice ne partirait pas.

—Il dépendait du Conseil de l'empêcher.

—Eh bien, voilà donc la fin de tout ceci; n'est-ce pas aussi votre opinion? Ma foi, c'est perdre une partie à beau jeu. Voyez un peu où mène la sottise de quelques ignorants qui exercent avec persévérance une influence de chaque jour. Pardieu! l'empereur est bien à plaindre, et on ne le plaindra pas, parce que son obstination à garder son entourage n'a pas de motif raisonnable; ce n'est que de la faiblesse qui ne se comprend pas dans un homme tel que lui. Voyez, monsieur, quelle chute dans l'histoire: donner son nom à des aventures au lieu de le donner (p. 175) à son siècle. Quand je pense à cela, je ne puis m'empêcher d'en gémir. Maintenant, quel parti prendre? Il ne convient pas à tout le monde de se laisser engloutir sous les ruines de cet édifice. L'empereur, au lieu de me dire des injures, aurait mieux fait de juger ceux qui lui inspiraient des préventions; il aurait vu que des amis comme ceux-là sont plus à craindre que des ennemis. Que dirait-il d'un autre, s'il s'était laissé mettre dans cet état?

La conclusion de tout ceci est claire comme de l'eau de roche. Si je vais, qui reste; si je reste, qui va? Il n'y a pas à hésiter. J'ai fait le simulacre de sortir de Paris comme si je voulais suivre Marie-Louise à Blois, en m'arrangeant pour faire arrêter ma voiture à la Barrière du Maine par un poste de gardes-nationaux choisis, programme qui s'exécuta à la lettre et à l'heure convenue.

Une combinaison de Régence n'était pas impossible; je n'aurais pas été fâché d'avoir deux cordes à mon arc et cette carte dans la main pour jouer la partie avec Louis XVIII; mais il fallait opter à rouge ou à noir. Après le départ de l'Impératrice, mon titre de Vice-

Grand-Électeur, qui me donnait un siège au *Conseil de Régence*, me faisait presque roi à l'entrée dans Paris des Alliés victorieux.

Je (p. 176) les attends. Les meilleurs gouvernements tombent, mais les pires aussi. Le rôle de Napoléon est fini; il est vieilli, fatigué, abandonné; la mort même ne veut pas de lui.

Un roi malheureux est toujours de la vieille famille; son autorité reste intacte, elle est de droit divin et non du droit du plus fort; il trouve du crédit dans son royaume et obtient des concessions de ses cousins, à charge de revanche.

Napoléon n'a rien à attendre d'eux. Sa légitimité, c'était la victoire; le Capitaine vaincu n'est plus un Empereur: on ne remonte pas sur un trône en descendant de cheval.

LA RESTAURATION (p. 177)

1814.—Après l'abdication de Napoléon à Fontainebleau et son départ pour l'Île d'Elbe, j'aurais volontiers dit comme le chat assis sur un jambon: «Maintenant nous sommes bien.»

J'avais été prévenu que l'empereur de Russie allait descendre chez moi et, une heure après, il était installé avec sa maison.

—Monsieur de Talleyrand, me dit Alexandre au débotté, vous avez ma confiance et celle de mes alliés, vous connaissez la France; dites ce qu'il faut faire et nous le ferons. Je n'ai aucun plan, je m'en rapporte à vous; vous avez dans une main la famille de Napoléon, dans l'autre, celle des Bourbons; je prendrai celle que vous me présenterez.

J'avais mon plan: Dieu, Table ou Cuvette, prêt à la manœuvre selon le vent.

La (p. 178) République? Impossibilité.—*Bernadotte?* Une intrigue.— *La Régence* et *Napoléon II?* Guerre civile.—*Les Bourbons?* Un principe, la *Légitimité.*

C'est dit et c'est fait.

Il faut maintenant trois choses: Un Gouvernement, une Constitution et un Traité. Je m'en charge.

La France obtiendra une paix honorable et relativement avantageuse. C'est l'Équilibre européen, le trône aux Bourbons, la conciliation future avec les Napoléoniens et les Républicains. Cependant, réflexion faite, j'ai peut-être abandonné avec trop de désinvolture plusieurs places fortes et du matériel de guerre; mais tout le monde était pressé d'en finir, et voilà la petite politique de mon quartier.

Ce fut par une délicieuse matinée d'avril que j'allai au-devant du Comte d'Artois, au vieux refrain du bon Henri qui marquait la marche en désordre, tirant la jambe, mais enchanté. Je m'appuyai sur le cheval du prince et je lui débitai un compliment très court avec une conviction bien jouée. Il était si ému qu'il étouffait: «Monsieur, Messieurs, je vous remercie, je suis trop heureux; marchons, marchons, je suis trop heureux.» De la Barrière de Bondy à Notre-

Dame, ce fut une ivresse générale, et comme on cherchait à lui frayer un chemin: «Laissez, laissez, j'arriverai toujours trop tôt.» De Notre-Dame aux Tuileries, même ovation.

À (p. 179) onze heures du soir, j'étais avec Beugnot et Pasquier, qui finirent par accoucher d'un *Mot historique* que j'envoyai au *Moniteur*, en annonçant la rentrée du Comte d'Artois: «*Rien n'est changé en France, il n'y a qu'un Français de plus.*»

À Paris, un mot a plus de force qu'un jugement, et celui-là durera aussi longtemps qu'un préjugé.

Le joli de l'histoire, c'est qu'à force de l'entendre répéter et admirer, le Comte d'Artois finit par être sincèrement persuadé qu'il l'avait dit.

Pas de zèle. Il était inutile d'aller jusqu'à Calais; je rejoins Louis XVIII à Compiègne, et il m'accueille avec une de ses phrases: «*L'exactitude est la politesse des rois.*» Réponse du berger à la bergère, et l'entrevue prend une tournure où le *Roi des Niches* montre le bout de l'oreille:

—Monsieur le prince de Bénévent, je suis charmé de vous voir; il s'est passé bien des choses depuis que nous nous sommes quittés; mais j'espère que nous nous entendrons.

—Sire, je ne demande rien pour moi, je me crois seulement nécessaire aux Relations extérieures. Si j'ai mérité quelque chose, je sollicite pour ma nièce le titre de Dame du palais.

—Accordé. Je vous reconnaîtrai celui de prince de Bénévent, et vous aurez à la cour le rang des princes étrangers.

—J'ai l'honneur d'être Français, sire, et je ne renonce à ce titre pour aucun autre.

—Soit; (p. 180) je vous réserve un siège à la Chambre des Pairs. Si les événements vous avaient donné raison, vous me diriez: «*Asseyons-nous et causons.*» Vous le voyez, j'ai été le plus habile et je vous dis: «*Asseyez-vous et causons.*»

Louis XVIII avait déclaré à Londres que la Providence et l'Angleterre avaient fait la Restauration, comme si la France, le Gouvernement provisoire et le Sénat n'y étaient pour rien; à Compiègne, c'était lui, lui seul, et c'était assez. La situation ainsi posée, il aborda de front le sujet délicat de l'entrevue.

— Vous voulez une Constitution?

— On demande moins à Votre Majesté qu'à Henri IV, et il avait conquis son royaume.

— Si je la jurais, vous seriez assis et moi debout. Nous verrons... Je voudrais aussi que les fonctions de député fussent gratuites.

— Gratuites, sire, ce serait trop cher; je ne connais rien de ruineux comme ce qui est gratuit.

C'est pourtant dans ce petit Salon bleu que s'est faite la Restauration. Au coin de cette table était l'empereur Alexandre; ici, le roi de Prusse; là, le grand-duc Constantin; plus loin se tenaient MM. Metternich, Nesselrode et Hardenberg. On n'avait pas le temps d'écrire; le sort du monde se décidait au coin du feu, dans des conversations ou des tête-à-tête avec les souverains.

L'Hôtel (p. 181) de l'Infantado, rue Saint-Florentin, était bien le cadre le plus bizarre qu'on pouvait choisir pour y renfermer les destinées du monde. Le premier étage était occupé par l'empereur de Russie et ses aides-de-camp; le comte de Nesselrode, son ministre des Affaires étrangères, s'était installé au deuxième avec ses secrétaires. Les gardes impériales russes garnissaient les escaliers, les Cosaques campaient dans la cour et la rue; on ne distinguait guère le jour de la nuit dans le mouvement de ce coin de Paris, ordinairement solitaire et silencieux, animé et bourdonnant comme une ruche d'abeilles en activité.

Je m'étais réservé l'entresol, où je logeais avec le Gouvernement provisoire, composé de Dalberg, Beurnonville, Jaucourt, l'abbé de Montesquiou, avec Dupont de Nemours comme secrétaire, et Beugnot, commissaire à l'Intérieur, où il se noyait dans la paperasserie. On devrait créer pour lui le *Ministère du Sentiment*, où il pourrait déployer son plus beau talent, et lui adjoindre comme secrétaire d'État l'imprimeur Michaud, qui apporte le *Manifeste* d'Alexandre aux Français, d'une main, et de l'autre, le poème de *La Pitié*, de Delille, où l'*Abbé Virgile* avait adressé des vers prophétiques à l'empereur de Russie.

L'entresol comprenait six pièces: trois sur la cour et trois sur les Tuileries, à travers lesquelles Laborie courait toujours pressé, affairé, agité, essoufflé, la *Mouche du coche*. Les premières étaient (p. 182) abandonnées au public. Les trois autres se composaient de ma chambre à coucher, où siégeait le gouvernement; le salon, où travaillaient pêle-mêle les secrétaires, les ministres, les hommes en place, et la bibliothèque, où je tenais mes entretiens particuliers. Quand on parvenait à m'y attirer pour une audience promise, ce que je mettais tous mes soins à éviter, il me fallait traverser le salon, arrêté par l'un, saisi par l'autre, barré par un troisième, et de guerre lasse, je retournais au Conseil, laissant le visiteur se morfondre en m'attendant.

Le jour où le Gouvernement provisoire fut organisé, je reçus la visite de M. de Pradt, archevêque de Malines, qui me dit sans préambule:

—Je suis surpris qu'on ait monté une pareille machine sans m'y réserver une place, et je viens savoir ce qu'on prétend faire de moi, car enfin on ne peut pas me laisser de côté dans un semblable moment.

—Vous pouvez rendre un notable service, lui dis-je; nous avons besoin d'un scandale. Vous êtes en grand costume, arborez un mouchoir blanc et suivez toute la ligne des boulevards en l'agitant et en criant; «Vive le roi!» Vous ferez un effet prodigieux.

Tout le monde s'amusa de cette mascarade, où il faillit être écharpé, et il ne lui vint pas à l'idée que je l'avais mystifié.

Maubreuil. (p. 183)

Il se présentait journellement des intrigants et des aventuriers de toutes les paroisses, qui enchérissaient entre eux à qui trouverait les moyens les plus extravagants de supprimer Napoléon. Je les écoutais avec attention, distribuant à ces têtes exaltées et à ces imaginations en travail des signes approbatifs, des mots enveloppés, qui pouvaient les renvoyer convaincus que leurs projets étaient approuvés et favorablement accueillis.

Ce fut le cas du marquis de Maubreuil. Il était venu proposer de se défaire de Napoléon, et le coup fut discuté en conciliabule. L'abbé de Pradt et l'abbé Louis, qui étaient là, poussaient à la roue et demandaient ses conditions.

— Combien vous faut-il?

— Dix millions.

— Dix millions! Y pensez-vous?

— Mais (p. 184) ce n'est rien pour débarrasser le monde du fléau qui nous menace encore.

J'assistais à cette scène, qui se renouvelait si souvent, sans y attacher plus d'importance qu'aux autres, en songeant que ceux qui sont à vendre ne valent guère la peine d'être achetés.

Maubreuil prit pour un encouragement tacite les marques de satisfaction qu'éveillait toujours la perspective d'être débarrassé du fléau de l'Europe. On abandonna cet homme à son mauvais génie, et il a mille fois répété et perdu la tête à répéter qu'il avait été excité à commettre l'attentat et que je lui en avais donné la mission.

À l'anniversaire du 21 janvier 1817, à Saint-Denis, il donna libre cours à sa fureur et, en pleine église, devant le roi, il me frappa au visage avec une violence qui me renversa par terre.

J'ai lu dans les journaux les différents récits de cette agression brutale, qui se réduit à ceci: «Donnez-moi de l'argent ou je ferai du scandale.» On ne lui donne pas d'argent et il fait du scandale, si on peut appeler scandale des injures bien grossières, adressées par un voleur de grand chemin à des gens qui ne le connaissent pas. Il a été traduit et condamné en police correctionnelle, et la Cour royale a confirmé le jugement.

LE CONGRÈS DE VIENNE (p. 185)

Le *Congrès de Vienne* a été mon dernier bal masqué du carnaval politique, et la *Conférence de Londres* mon jeudi de la mi-carême.

Un Congrès est une académie politique, où les visites préliminaires décident de tout. Les quatre matadors comptent la France comme une basse carte; il s'agit d'en faire un atout: Coupe et passe le roi. Un principe, un mot: *Légitimité*. Je les tiens tous.

On m'admet au Conseil. Je commence par brouiller les cartes et par mettre la puce à l'oreille de ces larrons, unis par la crainte, séparés par l'intérêt. Puis mêlant ma voix, celle de la victime, au quatuor du (p. 186) concert européen, les parties bien emmêlées, sous couleur de rétablir l'harmonie, je lève mon archet de chef d'orchestre de cette musique de chambre.

—Je suis ici le seul représentant de la *Légitimité*. Un roi détrôné par des rois est un exemple plus révolutionnaire, un plus grand ébranlement pour tous les trônes, qu'un roi renversé par un désordre législatif ou démocratique. L'œuvre du Congrès sera donc conforme au droit public.

—Cela va sans dire, répond Humboldt.

—Si cela va sans dire, cela ira encore mieux en le disant.

—Que vient faire ici le droit public?

—Il fait que vous y êtes.

—Vous aussi, dit Metternich, et vous ne devez pas mettre des bâtons dans les roues des Alliés.

—Les *Alliés?* Ce mot suppose la guerre; il n'a plus de sens après la paix. C'est une injure au roi de France, qui n'y est pas compris.

—Je ne tiens pas à ce mot, je m'en sers par habitude.

—Alors c'est une habitude à changer.

Alexandre se fâche tout rouge. C'est ce que je voulais.

—Monsieur de Talleyrand se trompe étrangement de date en jouant ici au ministre de Louis XIV. Entre puissances, il n'y a de droits que leurs convenances personnelles, et je n'en admets pas d'autres.

—Malheureuse Europe! Où te mène-t-on? Malheureuse Europe!

Mazarin (p. 187) aurait ricané.

—Nous aurions peut-être mieux fait, dit Metternich, de traiter nos affaires entre nous.

—Je suis membre du Congrès; je m'en vais; je reviendrai lorsqu'il sera réuni.

Il y avait deux compétiteurs au trône de Naples, Ferdinand et Murat. Comme avocat de ces deux clients, je reçus de Murat 1,250,000 francs; mais Ferdinand me promit une nouvelle investiture de la principauté de Bénévent, le duché de Dino, plus six millions de traites sur la Maison Baring de Londres, ce qui fit pencher la balance de son côté. *Væ victis.*

La jeune duchesse de Dino m'avait accompagné au Congrès de Vienne. En 1809, j'avais demandé sa main à Alexandre pour mon neveu, Edmond de Périgord; mais la mésintelligence ne tarda pas à désunir les deux époux, et ma nièce, la belle Dorothée, devint la grande dame de mon Salon. Elle fut mon partenaire dans cette *partie de whist* où les atouts manquaient dans nos jeux.

La duchesse était de famille princière par la lignée des ducs de Courlande illustrée par Biren, favori d'Anne de Russie. Elle avait été élevée comme les grandes (p. 188) dames de ces contrées un peu sauvages, dans toutes les élégances du goût français, en y joignant une force d'attention sérieuse et une faculté universelle d'esprit et de langage, et son éducation s'était complétée pendant un séjour de quatre années en Angleterre. À peine âgée de vingt ans, par sa beauté, la perfection de ses traits aquilins, le charme impérieux de sa physionomie, le feu du Midi mêlé à la grâce altière du Nord, l'éclat inexprimable de ses yeux, la dignité de son front encadré de si beaux cheveux noirs, elle était naturellement destinée à faire les honneurs d'un palais, à embellir une fête. De bonne heure mûrie par les réflexion et les fortes lectures, familière avec l'histoire moderne, ses entretiens se portaient volontiers sur les problèmes les plus graves de la politique ou les questions les plus délicates de l'art. Supérieur à sa beauté, comme elle gracieux, séduisant et dominateur, son esprit paraissait la plus irrésistible des puissances, et lorsque sur une pensée politique reçue ou devinée, cette fine et brillante intelligence voulait préparer la conviction, insinuer un conseil, effacer une défiance, entraîner une volonté, elle y faisait mieux qu'un habile diplomate. Plus d'une fois ce renfort ou cette diversion vint heureusement au secours de ma science et la seconder, éludant des contradictions, aplanissant des obstacles, triomphant des indécisions, avant que je fusse engagé avec les autres et peut-être d'accord avec moi-même.

C'est (p. 189) ainsi que l'action politique, commencée le jour au Congrès, se continuait le soir dans les salons. Elle jouait son rôle, et pendant que je faisais de la *diplomatie de cheminée,* elle faisait de la *politique d'éventail,* ce qui fit dire qu'elle était plus grande comédienne que mademoiselle Mars, et que je pouvais adopter la devise de Talma: *Une Lune: «Je ne brille que le soir.»*

J'écris au roi: «*Si le Congrès ne marche pas, il danse.»* Enfin je signe un traité secret avec l'Angleterre et l'Autriche. Cela finit bien; nous ne perdons que les illusions du sentiment et nous faisons un mariage de raison, sans amour et sans divorce possible.

Je tenais les cartes et j'ai caché mon jeu. On a considéré cette alliance stérile et cette manœuvre contre la Russie comme la faute de la grande partie diplomatique, où la France a failli sombrer six mois plus tard à Waterloo, et Metternich a prétendu qu'il m'avait gagné. J'ai pris ma revanche à la *Conférence de Londres.*

LES CENT-JOURS (p. 191)

1815.—On donnait une fête à la Cour de Vienne, quand la nouvelle éclate comme une bombe au milieu d'un tableau vivant: «*Napoléon a quitté l'île d'Elbe.*»

Les rois se retirent dans un salon, les plénipotentiaires se groupent. Tout le monde a perdu la tête. Je reste à l'écart, comme si j'étais étranger à ce qui se passe.

Alexandre m'interpelle:

—Vous l'avez voulu; ne vous ai-je pas averti que les Bourbons étaient incapables de régner.

—Il faut cependant qu'ils règnent.

Ils avaient bien tout fait pour mécontenter et décourager la nation, en ramenant avec eux les traditions mortes du passé avec le drapeau blanc, le droit (p. 192) divin, la vieille routine du bon plaisir, l'ostracisme des libéraux, le favoritisme des émigrés, les *Étrangers de l'intérieur*, et ministres *ad hoc*.

Les fous sont aux échecs les plus proches des rois.

On m'écoute: «C'est le commencement de la fin. Le désespoir ne réussit jamais. Tout est possible à Paris pour un moment; tout est impossible contre l'Europe. Bonaparte ne reprendra pas ses bottes de 95; il passera sur la France sans la posséder et sans la soulever, ni pour ni contre lui. Il finira comme un aventurier. C'est un cadavre, seulement il ne sent pas encore mauvais. Sus à Bonaparte, sans rien attendre ni rien entendre. Messieurs, vous pouvez tirer sur lui une traite à quatre-vingt-dix jours.»

Cet épisode fantastique tient de la féerie. Pendant que Louis XVIII, de sottise en sottise, s'enfuit jusqu'à Gand, l'Aigle vole de clocher en clocher jusqu'aux Tours Notre-Dame. Le 1er Mars, Napoléon débarque au Golfe Juan, le 5 il est à Gap, le 7 à Grenoble, le 10 à Lyon, le 15 à Avallon, le 20 à Paris.

Le *Moniteur* est instructif: L'*Ogre de Corse* a quitté sa tanière. L'*Usurpateur* est à Grenoble. *Bonaparte* est arrivé à Lyon. *Napoléon* marche sur Paris. (p. 193)*Sa Majesté Impériale et Royale* a fait son entrée dans la capitale aux acclamations de ses fidèles sujets.

Dès le 25 mars, les Quatre grandes puissances ont résolu d'en finir, et le rendez-vous est sur le Rhin pour les premiers jours d'Avril.

Napoléon propose la paix universelle. Si son armée n'était pas un troupeau, il ne jouerait pas le *Loup devenu berger*.

On apprend la défection d'un Maréchal. Sa montre avance.

Vers l'époque de l'Invasion, les artistes les plus distingués de Paris, pour se dispenser de monter la garde, s'engagèrent dans la musique de l'état-major, dont Méhul, Cherubini, Berton et Paër étaient capitaines. Nicolo était clarinette, Boïeldieu, chapeau-chinois, Nadermann, grosse caisse, Tulou, fifre, etc. Tous ces admirables talents frappant, soufflant à qui mieux mieux, formaient une cacophonie épouvantable.

Quand l'Empereur quitta Paris pour reprendre la campagne, un des poètes du moment composa, de société (p. 194) avec deux autres, une pièce pour le théâtre des Variétés qui, au moyen de quelques vers changés, pouvait servir également à célébrer le retour de Napoléon ou de Louis XVIII.

Le premier devoir d'un diplomate, après un Congrès, est de soigner son foie. Montrond me rejoint à Carlsbad avec une commission de Fouché, qui me propose de poser un jalon en faveur du duc d'Orléans. Son père, Philippe-Égalité, a été le vase dans lequel on a versé toutes les ordures de la Révolution, et le temps manque pour greffer la branche cadette sur le tronc de la légitimité. Le duc d'Orléans est un en-cas et peut devenir l'héritier indirect des Bourbons; la porte est entr'ouverte et il serait impolitique de la lui fermer au nez.

Mais la traite à quatre-vingt-dix jours, arrivée à l'échéance, était soldée à Waterloo.

Les *Cent-Jours* étaient comptés; Napoléon venait d'abdiquer une seconde fois à l'Élysée. Il s'éloigna sans espoir, s'embarqua fugitif et se réveilla prisonnier.

On m'a reproché, après les Cent-Jours, d'avoir ouvert les portes à une seconde invasion et d'avoir tendu la main à l'Angleterre. C'était une nécessité du moment; il fallait bien courir au plus pressé, avouer les fautes et ne plus recommencer.

À Mons, Louis XVIII me le fit sentir, en rentrant dans (p. 195) son royaume où j'avais préparé deux fois le logement; mais la tempête passée, le saint est oublié. Quand je voulus lui parler du Congrès de Vienne, il m'interrompit en m'invitant à lui adresser un rapport écrit; puis il me remercia en me signifiant qu'il n'avait plus besoin de mes services, en présence de Beugnot, qui me donnait de l'eau bénite empoisonnée, et de Châteaubriand, dont les sourires me blessaient comme des poignards. Je me rappelais ses mots à la Bonaparte:

«Talleyrand est toujours en état de trahison, mais c'est de complicité avec sa fortune; quand il ne conspire pas, il trafique.»

Je n'avais plus qu'à demander mon congé au roi pour aller aux eaux de Carlsbad.

—Ces eaux sont excellentes, dit-il; au revoir, Monsieur de Talleyrand.

C'était un coup de Jarnac; j'étais démasqué, percé à jour, ridicule; Louis XVIII était froid et je bavais de colère. Cela, je ne me le pardonne pas.

J'eus la faiblesse, disons le mot, la bêtise de me plaindre de l'ingratitude du roi, comme si c'était une chose nouvelle dont il est permis de s'étonner; mais le soir il avait changé d'avis.

J'allais m'éloigner quand je fus rappelé à Cambrai. Wellington avait montré au roi, sous l'horizon, Paris, cette mer difficile, et il n'y avait qu'un pilote (p. 196) pour franchir la passe et entrer dans le port, toutes voiles déployées.

Le baron Louis me tint compagnie dans ma voiture; pendant le voyage, l'idée nous vint de mettre en scène d'autres marionnettes, et de faire le grand saut en donnant un rôle à Fouché.

J'en avais besoin comme second, et je dus imposer sa nomination de ministre de la Police.

À l'Abbaye de Saint-Denis, nous nous sommes présentés au roi, bras dessus bras dessous, «*le Vice appuyé sur le Crime*», dit encore l'infernal Châteaubriand, et Louis XVIII avala la double pilule amère.

Il faut rendre justice à Fouché. Il a dit au roi: «Bonjour, mon maître», et il n'a oublié sur sa liste aucun de ses amis.

Carnot lui demanda:

—Où puis-je me retirer, traître?

—Où tu voudras, imbécile.

À peine le roi rentré, on vient m'informer en hâte que les Prussiens se disposent à faire sauter le *Pont d'Iéna*, dont le nom sonne mal à leurs oreilles. Beugnot rédige une Ordonnance aux termes de laquelle tous les édifices publics et les ponts reprendront leurs anciens noms de l'année 1700. Je m'empresse de la faire signer par le roi, et comme Beugnot décline la mission de la porter au maréchal Blücher, (p. 197) je m'impatiente: «Mais partez, ne perdez pas une minute; si le maréchal n'est pas chez lui, vous le trouverez au Palais-Royal, au 113, où il joue le trente-et-un. Il vous recevra fort mal, ce n'est pas douteux; mais vous parlerez avec force au nom du roi et vous serez écouté. Ce ne fut pas sans peine que l'*Agneau* obtint satisfaction du *Loup*; cependant il finit par en venir à bout, et revint après s'être bien assuré que l'ordre était donné d'enlever les poudres.

Beugnot, qui avait la spécialité des *Mots historiques*, brevetés avec la garantie du gouvernement, en fabriqua un qui, du *Moniteur*, fit le tour de l'Europe comme le plus beau trait du règne de Louis XVIII:

«*Allez dire au maréchal Blücher que s'il ne prend pas les mesures nécessaires, je me ferai porter de ma personne sur le Pont, pour sauter de compagnie.*»

Le Roi Nichard fut d'abord un peu effrayé de son héroïsme; mais il en reçut les compliments flatteurs avec une modestie qui en doublait le prix.

Cette fois, les Bourbons tombaient de la poêle dans le feu. Alexandre ne me pardonnait pas le traité secret de Vienne, et personne ne voulait plus de moi.

J'avais pris les devants en donnant, avec le Cabinet, ma démission à l'anglaise, et le Roi Nichard me livra à la risée des courtisans, qu'il encourageait du (p. 198) geste et de la voix. Le 28 septembre, quatre jours après la note des puissances, trois jours après ma réponse, je quittai le Ministère, dix-huit mois après avoir fondé la Restauration, quatre mois après l'avoir rétablie. J'avais perdu mon titre de Prince de Bénévent, et je pris celui de Prince de Périgord.

La France fut mise à l'encan, dévalisée, ruinée, humiliée, occupée, démembrée.

Le trône de Jérôme, roi de Westphalie, fut acheté par le propriétaire du Café des Mille Colonnes, au Palais-Royal, pour en décorer le comptoir, et on pouvait y voir assise la *Belle Limonadière*, qui y étalait ses charmes tous les soirs.

Le sculpteur marquis autrichien Canova procéda lui-même à l'enlèvement et à l'expédition des chefs-d'œuvre acquis à nos musées. Il prenait le titre d'ambassadeur; je crois qu'il se trompait et qu'il voulait dire *emballeur*.

L'histoire a enregistré tous ces événements.

Joséphine était morte l'année précédente à la Malmaison. Sept ans après, Napoléon s'éteignait oublié à Sainte-Hélène:

Petite urne, tu contiens celui pour qui l'univers était trop étroit.

Le Roi Nichard. (p. 199)

J'ai été l'astre de deuxième grandeur de la Révolution et de l'Empire à côté de Mirabeau et de Napoléon, et Louis XVIII me relègue au rang des satellites qui gravitent autour de son fauteuil.

Finirai-je ma vie politique avec la dignité illusoire de Grand Chambellan, dont la première prérogative est de recevoir les coups d'épingle du *Roi Nichard*? J'en rends bien quelques-uns, mais la partie n'est pas égale dans cette petite guerre d'épigrammes.

Que faire quand il est à table, mangeant du gibier, pendant qu'assis sur un pliant, je trempe un biscuit dans un verre de vieux madère? Quelquefois, il m'observe d'un air narquois, sans m'adresser la parole, et quand je reprends ma place derrière son siège, j'ai un peu l'air de la Statue du Commandeur dans le *Festin de Pierre*.

127

Nous (p. 200) avions des conversations, où nous nous regardions comme chien et chat:

—Comment vous êtes-vous arrangé pour renverser le Directoire avec *Buonaparte*?

—Mon Dieu, sire, je n'ai rien fait pour cela; c'est quelque chose d'inexplicable que j'ai en moi, et qui porte malheur aux gouvernements qui me négligent.

Puis, il me parle des ministres, pour me rappeler que je ne suis pas indispensable, du duc de Richelieu, mon successeur, et du duc Decazes. Quelques mois avant, le baron Louis m'avait présenté ce jeune homme que je ne connaissais d'aucune façon et dont je n'avais jamais entendu parler.

—Le duc de Richelieu a de hautes qualités et de grandes connaissances.

—Je le crois bien, c'est l'homme de France qui connaît le mieux la Crimée.

—Qu'a-t-on à reprocher au duc Decazes? Il travaille beaucoup, il m'aime bien; malheureusement, ici on le trouve suffisant.

—Suffisant et insuffisant.

—Vous n'êtes pas tendre pour un jeune collègue à son début dans la carrière, et vous oubliez la parole de l'Évangile: «*Celui qui juge sera jugé.*» Vous n'avez pas l'étoffe d'un Premier ministre dirigeant et l'autorité d'un Président du Conseil.

—Napoléon (p. 201) s'est contenté de moi pondant quatorze ans, et plus, si je l'avais voulu.

—*Buonaparte* n'était pas un roi; il faisait ses affaires lui-même, et la preuve en est qu'il fermait les yeux sur votre incurie, votre dérèglement et votre cupidité.

—Péchés de jeunesse, sire.

—Je vous connais, Monsieur de Talleyrand; vous êtes un vieux politique, sagace et expérimenté, un négociateur habile, sachant tirer parti d'une situation, en vous servant des instruments intéressés à sa réussite; mais vous êtes incapable de la dominer si elle devient difficile et prolongée. Vous avez les qualités d'un homme de cour et de diplomatie, ennemi du travail, indolent, superficiel et léger; mais vous n'avez pas les idées nettes, précises et arrêtées d'un homme de gouvernement. Votre bon sens est une lumière froide qui éclaire les surfaces sans les pénétrer, et vous n'avez pas même eu assez d'âme française pour recueillir les épaves du naufrage de 1814, qu'on vous eût facilement abandonnées. Quand on est indifférent au but et que tous les moyens sont bons pour obtenir un succès personnel, il faut être plus indulgent envers des hommes modestes qui servent les intérêts du royaume.

—Je fais amende honorable, sire; Messieurs Richelieu et Decazes méritent le prix d'Excellence.

Un soir, les deux ministres, se rendant à une soirée (p. 202) du Faubourg Saint-Germain, se trompent d'hôtel et se trouvent au milieu d'un bal donné par la princesse de Talmont, situation singulière qui se dénoua avec grâce et courtoisie. Après avoir séjourné dans le salon pendant le temps commandé par les convenances, ils se retirent et les plaisanteries circulant sur cette méprise inattendue.

—Vous vous étonnez de cela, dis-je; c'est pourtant la chose la plus naturelle du monde; M. Decazes ne sait jamais où il va, et M. de Richelieu ne sait pas davantage où on le mène.

Une autre fois, le Roi Nichard m'invite gracieusement à aller planter mes laitues.

—Est-ce que vous ne comptez pas retourner à la campagne?

—Non, sire, à moins que Votre Majesté aille à Fontainebleau; alors, j'aurais l'honneur de l'accompagner pour remplir les devoirs de ma charge.

—Non, ce n'est pas cela que je veux dire, je demande si vous n'allez pas repartir pour vos terres?

—Non, sire.

—Valençay n'est pas très loin.

—Il y a quatorze lieues de plus que de Paris à Gand.

—Le Château est une charmante résidence.

—Oui, sire, c'était assez bien autrefois; mais les jeunes princes espagnols, mes hôtes sous l'Empire, y (p. 203) ont tout dégradé, à force de tirer des feux d'artifice en l'honneur de la Saint-Napoléon.

À son culte pour Horace, le Boileau d'Auguste, le Roi Nichard joignait le goût d'écrire dans les gazettes satiriques et se plaisait à se voir découvrir sous son transparent *incognito*. Cela était facile à ceux qui connaissaient son faire. Ses articles étaient fort polis, fort soignés, et le plus ordinairement sans conclusion et sans but; il prenait sa correction pour de la chaleur et son élégance pour de la clarté. On reconnaissait l'*Envoi du Roi*, on vantait et on prônait au Château l'effet de ce style tout royal, et Sa Majesté Nichard disait, eu se frottant les mains: «Ce ne sont pas là des phrases à la *Buonaparte*.» En effet, il n'écrivait pas avec une plume d'aigle.

Il arrivait quelquefois qu'il recevait la monnaie des pièces à son effigie, et il trouva un jour ce joli mot, que je crois de Charles Nodier:

—Il faut aux Français un roi qui monte à cheval.

—Eh bien! prenez Franconi.

J'ai assisté à une audience qu'il avait donnée à Baour-Lormian, cet auteur de sombres tragédies sur lequel on a fait ce distique à propos d'un verre cassé:

Ce (p. 204) Baour-Lormian a d'étranges façons;
Il fait de mauvais vers, il en casse de bons.

—On m'a rapporté, lui dit le Roi, que vous vous étiez entretenu plusieurs fois avec monsieur *Buonaparte*; avait-il des connaissances littéraires?

—Sire, il jugeait assez bien l'ensemble et fort mal les détails. Il n'entendait rien ni au style ni à ce qui tient au goût; il ignorait les premières règles de la versification; et à ce sujet, je parlerai d'un vers d'*Hector*, de M. Luce de Lancival, qui lui avait singulièrement plu et qu'il affectionnait beaucoup:

La guerre a des attraits, prince, pour les grands cœurs.

Voici comment il le citait:

«Prince, la guerre a beaucoup d'attraits pour les grands cœurs.»

Le Roi laissa percer un sourire de satisfaction, et M. Baour-Lormian eut un succès de tragédie auquel il n'était pas habitué.

Je me dispensai d'ajouter mon grain de sel; mais j'aurais pu me rappeler un familier, grand admirateur d'Achille, qui citait souvent la fin de sa tirade à Agamemnon:

Et pour trouver ce cœur que vous voulez percer,
Voici par quel chemin il vous faudra passer.

Il (p. 205) se frappait la poitrine en déclamant avec énergie:

«Et pour arriver jusqu'à ce cœur que vous avez l'intention de percer, voici par quel chemin vous serez obligé de passer.»

Je suis entré dans le giron de l'opposition libérale à la Chambre des Pairs et dans les Salons. J'ai bien gagné la satisfaction de souffler dans les roseaux flexibles: «*Midas, le roi Midas a des oreilles d'âne.*» On ne rirait pas de grand'chose en France si on ne riait pas du gouvernement et je m'en donne à cœur-joie. Quand il pleut sur le curé, les sacristains reçoivent des gouttes.

À tout seigneur tout honneur. Quand on parle de la Chambre des Pairs, où on dit qu'il y a des consciences, je pense au *Vieux Chat*:

—Oh! oui, beaucoup de consciences; il y a même, par exemple, Sémonville qui en a deux. À propos, comment se porte Sémonville?

—Mais très bien, il engraisse même un peu.

—Sémonville engraisse? Je ne comprends pas; non, je ne comprends pas quel intérêt Sémonville peut avoir à engraisser.

Ferrand arrive à la Chambre, appuyé sur deux laquais. C'est l'image du gouvernement, il croit marcher et on le porte. Dans (p. 206) un salon ultra, comme je faisais remarquer qu'on voulait ramener l'ancien régime et que c'était un rêve, M. de Sallabery me dit:

—Oh! monseigneur, ce serait folie de songer à vous refaire Évêque d'Autun.

Les caricatures me représentaient souvent une crosse à la main. C'était bien inoffensif.

—Que voulez-vous, monsieur, je ne suis plus de ce temps; sous l'Empire, on était fort en retard et on ne faisait que des merveilles; depuis la Restauration, on fait des miracles.

La riposte montre que j'étais piqué. La maîtresse de la maison, voulant couper les chiens, me demanda ce qui s'était passé au Conseil.

—Madame, il s'est passé trois heures.

L'Hôtel Talleyrand. (p. 207)

Ma disgrâce est complète, la cour m'est fermée, et j'entrevois l'exil en perspective. Je fais, comme toujours, bon visage à mauvais jeu, mais je ne jette pas les cartes. Au lieu d'imposer ma présence à la cour, j'élève autel contre autel. J'ai fait inscrire en lettres d'or sur ma porte-cochère: Hôtel Talleyrand. C'est le quartier-général de l'Opposition, et je me déclare chef des *Indépendants*.

Mon jour de réception est le mercredi; c'est celui du duc Decazes, ministre de la police, et c'est à mon tour de faire des niches.

Un jour que le duc donnait un dîner officiel, j'invitai Messieurs Molé et Pasquier. M. Molé s'excusa et partit à la campagne; M. Pasquier prétexta une indisposition.

1821—Ministère Villèle.—La (p. 208)*Censure* est le premier anneau d'une chaîne qui peut entraîner tout au précipice. De nos jours, il y a quelqu'un qui a plus d'esprit que Voltaire, que Bonaparte, que les Directeurs et les Ministres passés, présents et à venir, sans me compter ou en me comptant, c'est tout le monde. Je tiens pour certain que ce qui est voulu, que ce qui est proclamé bon et utile par tous les hommes éclairés d'un même pays, sans variation aucune, pendant une suite d'années diversement remplies, est une nécessité du temps. Telle est la *Liberté de la Presse*.

Sur la question du *Jury*, mon opinion est celle de Malesherbes, et j'ai voté avec lui le rejet de la loi qui proposait le maintien d'une institution sans garantie et sans autorité.

1822.—Le duc de Fitz-James a fait un discours où il m'attaque avec une singulière violence, par des sarcasmes amers et des allusions sanglantes. Je remarque que tous les regards sont fixés sur moi, et je ne quitte l'orateur des yeux que pour prendre des notes. Le duc a beaucoup de talent; à l'exception de ces quelques petites choses un peu trop acerbes, le discours est fort bien. On crut que j'allais répliquer; mais j'en ai entendu bien d'autres, et me rappelant les aménités de Bonaparte, j'y ai renoncé.

1823. — L'Invasion (p. 209) de l'Espagne aura le sort de la première, c'est la fin de la Restauration; *Finis coronat opus.* Mon discours a allumé la fureur du Roi qui n'a pas mis de gants pour me le dire. Il n'y a qu'une manière de ne pas se tromper, c'est de ne rien faire. Je ne ferai plus rien; mais on aura beau dire et citer le proverbe politique: Quand il n'y a plus de Pyrénées, il y en a encore.

Me voilà condamné à l'inaction. La Chambre des Pairs, la causerie des salons, la littérature, — j'écris mes *Mémoires,* — le whist, ne sont que les amusements de ma vie oisive et de ma tête inoccupée. La politique me manque; la seule distraction à mon profond désœuvrement serait le jeu des grandes affaires; mais j'ai peu de chances de voir réussir une combinaison ministérielle qui me rendrait le Portefeuille.

Pendant la belle saison, je prends mes regrets en patience. Tous les étés, je fais ma cure aux eaux de Bourbon; je vais goûter la fraîcheur des ombrages de Valençay, dans l'Indre, ou de Rochecotte, en Touraine, le Jardin de la France, près de la duchesse de Dino; quelquefois, l'hiver, je vais me réchauffer au soleil des Îles d'Hyères.

Le Grand Bourgeois. (p. 210)

À Valençay, j'avais pour voisin de campagne M. Royer-Collard, qui habitait Châteauvieux, distant de quatre à cinq lieues. La relation était assez difficile à établir avec un doctrinaire qui ne faisait pas mystère de ses opinions et qui disait: «Il y a deux êtres que je n'ai jamais pu voir sans un soulèvement intérieur, c'est un régicide et un prêtre marié.» Je fis les premières avances, la duchesse de Dino y mit sa coquetterie d'esprit, et il capitula, mais en dictant ses conditions: sous raison de bourgeoisie et de simplicité, sa femme et ses filles n'iraient point à Valençay. C'est à ce prix qu'il se montra bon prince, et je devins petit seigneur, dans ce désert éloigné, pour voisiner avec le Grand Bourgeois.

Ce diable d'homme est un Alceste. La première fois (p. 211) que je lui ai rendu visite, après avoir été cahoté le long des chemins raboteux qui conduisent à son domaine, je n'ai pu m'empêcher de lui dire en arrivant:

—Monsieur, vous avez des abords bien sévères.

—Châteauvieux est escarpé, me répondit-il, mais ce n'est pas une île.

Voilà un de ces coups de boutoir avec lesquels le sanglier découd son homme, sans entamer ma peau de requin, tannée par le Corse et le Roi Nichard.

D'ailleurs, sa personne altière, sous une écorce rustique, était en harmonie avec le paysage: Droit et robuste comme un chêne, le visage rugueux, le front couvert d'une perruque brunâtre, les sourcils mobiles surplombant l'œil dur, le nez fort, la voix mordante, avec des éclats stridents qui découpaient les mots frappés en médaille à l'emporte-pièce. Nous étions taillés pour ferrailler ensemble; mes traits portaient sur les faits et les événements, les siens sur les hommes.

La table est le pivot autour duquel tourne la civilisation. Dans les commencements de notre liaison, en 1828, je donnai un dîner éclectique où j'avais rassemblé des personnages de marque dans toutes les branches des Sciences, des Arts et des Lettres. Il devait y représenter l'Éloquence politique, et il aurait (p. 212) également personnifié la Misanthropie; mais il déclina mon invitation en disant: «Me voilà donc élevé à la dignité d'échantillon.»

À cette époque, toute la Doctrine s'occupa de deux mariages. M. de Rémusat venait d'épouser mademoiselle de Lasteyrie, et il se promettait d'être amoureux; M. Guizot allait épouser mademoiselle Dillon, sa nièce, et il était amoureux tout comme un autre. L'amour doctrinaire me fait rêver.

Mes habitudes sont des plus simples et ne changent guère, ici ou là. Je ne fais qu'un seul repas, le dîner, mais copieux et délicat. Les dîners officiels sont meurtriers, le champagne est un vin faux. Je m'abstiens. Manger quand on a faim, c'est la nature; quand l'estomac ne croit plus à rien, c'est l'art.

Le grand air et le grand jour ne me conviennent pas; je vis aux lumières. Je dors peu; je me couche ordinairement vers quatre heures du matin et je me lève de bonne heure. Mon pouls a une intermittence à chaque sixième pulsation; c'est comme un temps (p. 213) d'arrêt, un repos de nature qui ajoute un septième à la durée de ma vie [7].

Au saut du lit, mon valet de chambre m'accommode *en chenille*, et je déjeune pour la forme, légèrement et à l'anglaise; ensuite recommence la toilette, assez longue à cause de la coiffure, qui est toute une affaire, et on tourne ma cravate. Je vais faire une promenade, selon le temps, et je travaille quelques heures.

Après dîner, quand je ne reçois pas à mon hôtel, je passe la soirée dans un des salons intimes du Faubourg, qui servent d'hôpital aux blessés de tous les partis, comme autrefois celui de madame de Staël. Si je m'ennuie, je regarde ma bague; c'est un signal compris par les initiés. Quelquefois je sommeille à demi dans les bras d'un fauteuil; j'ai la faculté de m'assoupir à mon gré et de dormir éveillé. On écoute mes radotages et mes souvenirs du temps passé, (p. 214) où je jouais aux échecs sur le damier européen; mais je préfère mon whist, et cette consolation de ma vieillesse a fait appeler les parties politiques jouées dans mon hôtel par le Gouvernement provisoire de 1814, *le Whist de M. de Talleyrand*. C'est un jeu qui occupe sans préoccuper, et qui dispense de parler et d'écouter. En Angleterre, où j'avais la réputation d'un joueur passionné, on m'appliquait le vers de Pope:

«L'intrigue quand il était jeune, les cartes quand il fut vieux.»

CHARLES X (p. 215)

Je dirai peu de choses du Comte d'Artois, devenu Charles X.

Malgré les leçons de l'exil, il se serait chargé seul de justifier l'opinion d'Alexandre sur l'incapacité des Bourbons. Depuis trente ans, ils n'ont rien appris ni rien oublié, ils sont incorrigés et incorrigibles. Aussi, à propos de la candidature au trône de Belgique d'un prince de la maison d'Autriche, j'ai dit à lord Palmerston et à lord Grey: «Ce serait une Restauration, et tous devez vous souvenir d'une parole de M. Fox, que j'ai oubliée il y a quinze ans: «*La pire des révolutions, c'est une restauration.*»

Mais, comme dit la chanson sur le *Roi-chasseur*:

Charles dix n'aime que les bêtes,
Ses ministres sont heureux.

Il (p. 216) faut bien se garder de prendre l'entêtement pour la volonté. Charles X était entêté, ce qui est l'infaillible signe de la faiblesse de caractère. Du reste, il n'y allait pas par quatre chemins quand on voulait le contrecarrer: «*Un roi qu'on menace n'a de choix qu'entre son trône ou l'échafaud.*»

Si j'avais été son ministre, j'aurais pu lui rappeler qu'il y avait encore la chaise de poste.

LA MONARCHIE DE JUILLET (p. 217)

J'ai vu mieux, j'ai vu pire, je n'ai jamais rien vu de pareil.

Il suffit quelquefois de prédire un événement pour le faire arriver. J'avais annoncé la Révolution de 1830 et, comme on ne cite que le prophéties qui réussissent, on m'en donna les gants.

Je chargeai un secrétaire de confiance d'aller s'assurer si Charles X était encore à Saint-Cloud ou sur la route de Rambouillet, et le troisième jour, 29 juillet 1830, je fis porter ce billet à madame Adélaïde:

«Que votre frère vienne demain aux Tuileries en lieutenant-général; le reste viendra tout seul.»

L'envoyé (p. 218) me rapporta les paroles de la sœur du roi:

«Ah! ce bon prince! j'étais bien sûre qu'il ne nous oublierait pas.»

Mon conseil fut suivi; le fils de Philippe-Égalité se risqua, et je saluai le Gouvernement de Juillet comme l'héritier indirect de la Révolution, malgré les épigrammes des anciens émigrés:

On voit à Chantilly l'étrange panoplie
Du sabre de Jemmape avec son parapluie.

Louis-Philippe pouvait dire comme Cromwell:

Le roi d'un peuple libre est un roi légitime.

M. Thiers n'est pas un parvenu, il est arrivé.

Quant aux doctrinaires, ce sont des gens qui demeurent entre cour et jardin et qui ne voient jamais dans la rue.

Et puis, l'*Aristocratie*? J'entends le mot, je ne vois pas la chose; des différences ne sont pas des supériorités.

Le nouveau roi appliquait les vieilles formules. Il divisait pour régner et démolissait volontiers ses ministres (p. 219) les uns par les autres. Je n'aime pas ces ogres de réputation, qui croient augmenter la leur en dévorant celle des voisins. Cependant je réservais mes vues personnelles, et je répondais aux questions indiscrètes: «J'ai une opinion le matin; j'en ai une autre l'après-midi; mais le soir je n'en ai plus du tout.»

Dans les derniers temps, je me brouillai avec Louis-Philippe, et comme je touchais deux pensions, l'une de cent mille francs et l'autre de seize mille, je renonçai à la seconde. Le roi ne manqua pas de raconter avec ironie que j'avais renvoyé celle de seize mille; mais à ma place, il eût peut-être gardé les deux.

La Conférence de Londres. (p. 220)

J'étais un revenant de la Révolution française; ma seule apparition sur la scène politique fit croire à sa vitalité. Comme en 1792, après quarante années, ambassadeur en Angleterre et chef de la Conférence de Londres, je renouais le fil de l'*Entente cordiale*: «Messieurs, je viens m'entretenir avec vous des moyens de conserver la paix de l'Europe.» Je jouai la partie en opposant la *Baleine* à l'*Éléphant*, et je menai à bien la quadruple alliance de l'Occident contre celle du Nord.

Il parut à Londres une caricature représentant *Les Aveugles conduits par un Boiteux*. Les Aveugles étaient les rois de l'Europe, un bandeau sur les yeux; le Boiteux, c'était moi qui, armé de ma seule béquille, les menais en laisse avec un ruban. J'aimerais mieux (p. 221) être borgne, puisqu'on dit que dans le royaume des aveugles les borgnes sont rois.

Les plumes étaient à l'unisson des crayons, et j'ai conservé un article du *Morning-Post* dont voici la traduction:

Lorsque la tempête des *Trois Glorieuses* éclata sur Paris, trop heureux de quitter encore une fois la France, M. de Talleyrand vint en Angleterre. On ne peut s'empêcher de rire en songeant à la manière dont il y fit sa réapparition. Il donnait ses audiences à ses compatriotes dans son salon d'*Hanover-Square*, avec un chapeau rond sur la tête orné d'une cocarde tricolore de six pouces carrés, tandis que se prélassaient, étendus tout au long sur les sofas, trois jeunes *Sans-Culottes* de Juillet, qu'il avait amenés avec lui pour servir d'enseigne à son républicanisme. Louis-Philippe une fois solidement assis sur son trône, la cocarde tricolore fut jetée au feu et les jeunes échantillons républicains furent renvoyés à Paris. M. de Talleyrand, affranchi de toute crainte, reprit ses habitudes et donna libre cours à son despotisme naturel. Il avait ici tout le monde à ses pieds; l'aristocratie anglaise le recherchait et lui faisait des avances, les diplomates pliaient devant lui. Nous avons trop bien éprouvé qu'il avait les yeux ouverts tandis que lord Palmerston sommeillait; mais lui seul résistait à M. de Talleyrand, non seulement sur les grandes choses, mais sur les petites et sur des bagatelles; il faisait tout pour le dégoûter.

Lord Palmerston eut quelques imitateurs. Le marquis de Londonderry m'attaqua vivement à la Chambre des lords. Mon vieil ami, le duc de Wellington, a (p. 222) chaleureusement défendu celui qu'il appelait le *Vétéran des diplomates,* et je lui en suis d'autant plus reconnaissant que c'est le seul homme d'État dans le monde qui ait jamais dit du bien de moi. L'Angleterre me doit plus qu'elle ne croit m'avoir donné; il faut bon estomac pour digérer les services rendus, et on pardonne plus facilement à un ennemi qu'à un créancier.

J'avais fait à Londres des séjours prolongés, j'étais en pays de connaissance, et je ne me privais pas de dauber à mon tour sur mes bons amis les Anglais.

Un jour, à dîner, un domestique me renversa une saucière sur la tête, et je ne me gênai pas pour dire que je ne connaissais rien d'aussi bourgeois que cette maison.

À titre de curiosité, je citerai une confidence de M. Walpole. À l'exception de quelques vases et ustensiles du seizième siècle, aucun des prétendus insignes de la Couronne d'Angleterre, qu'on fait voir à la Tour de Londres, n'est antérieur aux *Rats de Hanovre,* et ces diadèmes et ces joyaux des Édouard et des Richard sont évidemment contrefaits. Walpole me disait aussi qu'on ne saurait se faire une idée de l'ignorance et de la jactance anglaises, et que le gardien de ces faux bijoux, qui vous (p. 223) les fait voir à la lueur d'une lampe, au travers d'un grillage, a toujours soin de vous répéter en les montrant: «*Objet sans pareil, en or très pur, âgé de huit cents ans*», et autres forfanteries qui faisaient rougir son front de gentilhomme et qui torturaient son cœur d'antiquaire.

M. de Lamartine était à Londres pendant mon ambassade. J'invitai le jeune poète à venir me voir à l'hôtel d'*Hanover-Square.* Je l'attirai un soir sur un canapé, dans un arrière-salon faiblement éclairé, et nous eûmes un entretien qui se prolongea fort avant dans la nuit. Après avoir déroulé devant lui le tableau de l'Europe, en l'éclairant d'une lumière qui ne laissait aucune ombre sur le dernier recoin des cours et des nations, je lui dévoilai son avenir; il pourra témoigner un jour si mes prédictions se sont réalisées, et je puis, sans effort de mémoire, reproduire fidèlement mes paroles, qui tiennent plus de la prophétie politique que de la perspicacité du diplomate.

«Je désire causer avec vous sans témoin. Vous ne voulez pas vous rallier à nous, bien que l'œuvre de reconstruire un gouvernement avec des matériaux quelconques soit le chef-d'œuvre de l'esprit humain. Je n'insiste pas; je crois vous comprendre. Vous (p. 224) voulez vous réserver pour quelque chose de plus entier et de plus grand que la substitution d'un oncle à un neveu, sur un trône sans base. Vous y parviendrez. La nature vous a fait poète, la poésie vous fera orateur, le tact et la réflexion vous feront politique.

«Je me connais en hommes, j'ai quatre-vingts ans, je vois plus loin que ma vue; vous aurez un grand rôle dans les événements qui succéderont à ceci. J'ai vu les manèges des cours; vous verrez les mouvements bien autrement imposants des peuples. Laissez les vers, bien que j'adore les vôtres. Ce n'est plus l'âge; formez-vous à la grande éloquence d'Athènes et de Rome, la France aura des scènes de Rome et d'Athènes sur ses places publiques. J'ai vu le Mirabeau d'avant, tâchez d'être celui d'après. C'était un grand homme, mais il lui manquait le courage d'être impopulaire; sous ce rapport, voyez, je suis plus homme que lui; je livre mon nom à toutes les interprétations et à tous les outrages de la foule. On me croit immoral et machiavélique, je ne suis qu'impassible et dédaigneux. Je n'ai jamais donné un conseil pervers à un gouvernement ou à un prince; mais je ne m'écroule pas avec eux. Après les naufrages, il faut des pilotes pour recueillir les naufragés. J'ai du sang-froid et je les mène à un port quelconque, peu m'importe le port, pourvu qu'il abrite; que deviendrait le vaisseau, si tout le monde se noyait avec l'équipage? M. Casimir Périer est maintenant un grand pilote, je le seconde; nous (p. 225) voulons préserver l'Europe de la guerre révolutionnaire, nous y parviendrons; on me maudira dans les journaux en France; on me bénira plus loin et plus tard. Ma conscience m'applaudit: je finis bien ma vie publique. J'écris mes *Mémoires*, je les écris vrais, je veux qu'ils ne paraissent que longtemps après moi. Je ne suis pas pressé pour ma mémoire; j'ai bravé la sottise des jugements de l'opinion toute ma vie; je puis la braver quarante ans dans ma tombe. Souvenez-vous de ce que je vous prédis, quand je ne serai plus; vous êtes du bien petit nombre des hommes de qui je désire être connu. Il y a pour les hommes d'État bien des manières d'être honnête; la mienne n'est pas la vôtre, je le vois; mais vous m'estimerez plus que vous ne pensez un jour. Mes prétendus crimes sont des rêves d'imbéciles. Est-ce qu'un homme habile a jamais besoin de crimes? C'est la ressource des idiots en politique. Le crime est comme le reflux de cette mer, il revient sur ses pas et il noie. J'ai eu des faiblesses, quelques-uns disent des vices; mais des crimes, fi donc!»

RETRAITE (p. 227)

1834.-Je n'ai pas pris ma retraite par dégoût ni par caprice; j'ai quitté les affaires parce qu'il n'y en avait plus. Je demandai mon rappel au roi, et de Valençay, je lui envoyai ma démission.

Je m'étais proposé d'établir la paix générale par l'Alliance anglaise, et d'obtenir pour la Révolution française de Juillet 1830 le Droit de bourgeoisie en Europe, en tranquillisant le monde sur l'esprit de propagande qu'on supposait au nouveau gouvernement. Tout cela s'est accompli; que me restait-il à faire, sinon qu'avec le *Solve senescentem* d'Horace, quelqu'un vînt me dire que j'avais trop tardé. La difficulté était d'en sortir heureusement et au bon moment; (p. 228) je crois que j'y ai réussi, et je dis comme le philosophe du Pays des roses: «Le sillage de la barque est effacé, le rayon de l'étoile est éteint, le chant du rossignol envolé, le parfum de la rose évaporé.»

Je me suis retiré de la scène du monde, et il faut mettre un intervalle entre les affaires et la mort.

Elle n'oublie personne. Ma vieille amie, la princesse de Vaudemont, n'est plus. Je l'ai perdue l'année dernière, au mois de janvier, et Montrond a été surpris de voir couler des pleurs de mes yeux. C'est la loi; il faut que tout nous quitte ou tout quitter.

La retraite est sonnée; je désire la consacrer à des pensées plus tranquilles, aux loisirs paisibles de la vie de famille.

Ma santé est aussi bonne que je puis l'espérer à mon âge, je vis dans une retraite charmante avec ce que j'ai de plus cher au monde, et je goûte dans toute sa plénitude la douceur du far-niente.

Lorsque de tout on a tâté,
Tout fait ou du moins tout tenté,
Il est bien doux de ne rien faire.

J'ai tant aimé le dix-huitième siècle que mon goût (p. 229) en est resté saturé; je préfère ses bergeries et ses madrigaux à tout le clinquant de la nouvelle littérature, qu'on appelle romantique, et je me prends à fredonner:

Tircis, il faut songer à faire la retraite.

À Rochecotte, j'ai sous les yeux un véritable jardin de deux lieues de large et de quatre de long, arrosé par une grande rivière et entouré de coteaux boisés où, grâce aux abris du Nord, le printemps se montre trois semaines plus tôt qu'à Paris, et où tout est verdure et fleurs.

La vie y est très ordonnée, ce qui rend le temps fort court; les heures passent et on se trouve à la fin de la journée sans avoir un moment de langueur. Je lis à peine les journaux; ce qui se passe me laisse indifférent et je m'étonne de l'intérêt que j'y prenais autrefois. Je travaille à mes *Mémoires* et je me promène. En automne, je ne fais plus rien, et le mois de juin passé, je fais tout ce que veulent les autres. Je cherche à être amusant pour être amusé, comme les enfants, ces maîtres de philosophie, les plus sincères et les plus honnêtes du monde, quoique foncièrement égoïstes et méchants.

Ce qui me fait préférer Rochecotte à tout autre séjour, c'est que j'y suis, non pas seulement avec madame de Dino, mais chez elle, ce qui est pour moi un bonheur de plus.

La (p. 230) douce approche d'une jolie enfant a un grand charme. Sa fille, ma petite-nièce, la petite Pauline, l'idole de ma vieillesse, est venue en costume de communiante pour recevoir ma bénédiction. En comparant cette Aurore à ma Nuit, je songeais à la formule antique: *Alpha-Oméga*. Voilà le monde: Là le commencement, ici la fin.

L'Éloge de Reinhard. (p. 231)

Samedi, 3 Mars 1838.—Je suis encore un revenant à l'Institut.

Après avoir refermé le cercle politique de l'*Alliance anglaise* à Londres, je referme le cercle littéraire à Paris par l'*Éloge de Reinhard*, mon compagnon de route dans la carrière diplomatique. J'ai quatre-vingts ans sonnés à toutes les horloges; c'est mon adieu au monde, mon dernier ouvrage, et je puis le dire, mon dernier succès.

Je dus me faire porter par deux domestiques jusqu'à la pièce qui précède la salle des séances. Dans l'escalier, je rencontrai Maret, pardon, le duc de Bassano, mon ancienne victime, que je n'avais pas vu depuis 1814. Vingt-quatre ans changent bien des choses; il était si vieux, et moi aussi, que nos mains se touchèrent comme d'elles-mêmes. Je ne sais pas s'il (p. 232) avait conservé sa bêtise, mais il me semble que j'avais perdu mon esprit, «*Vous montez au Capitole*», me dit-il; en d'autres temps, je lui aurais répondu: «*Sauvez-le donc.*»

Je m'appuyai sur le bras de Mignet, béquille solide, un Sieyès avec un autre grelot. La salle était bondée d'hommes politiques, de savants et de lettrés, Pasquier, Noailles, Cousin, etc. Pas de femmes, et je le regrettai; elles avaient joué un rôle assez important dans ma vie pour assister à ma représentation d'adieux devant ce parterre de rois.

Mon *Éloge* était court, mais pas obscur comme la Constitution de Rœderer, la lecture n'a duré qu'une demi-heure. On pourrait l'intituler: *Le Manuel du Parfait ministre des Affaires étrangères*; tout a été parfait, et j'en détache le passage le plus remarqué:

La réunion des qualités qui lui sont nécessaires est rare. Il faut, en effet, qu'un ministre des Affaires étrangères soit doué d'une sorte d'instinct qui, l'avertissant promptement, l'empêche, avant toute discussion, de jamais se compromettre. Il lui faut la faculté de se montrer ouvert en restant impénétrable, d'être réservé avec les formes de l'abandon, d'être habile jusque dans le choix de ses distractions; il faut que sa conversation soit simple, variée, inattendue, toujours naturelle et parfois naïve; en un mot, il ne doit pas cesser un moment, dans les vingt-quatre heures, d'être ministre des Affaires étrangères.

Cependant, toutes ces qualités, quelque rares qu'elles soient, (p. 233) pourraient n'être pas suffisantes, si la *bonne foi* ne leur donnait une garantie dont elles ont presque toujours besoin. Je dois le rappeler ici pour détruire un préjugé assez généralement répandu: Non, la Diplomatie n'est point une science de ruse et du duplicité. Si la *bonne foi* est nécessaire quelque part, c'est surtout dans les transactions politiques, car c'est elle qui les rend solides et durables. On a voulu confondre la réserve avec la ruse. La *bonne foi* n'autorise jamais la ruse, mais elle admet la réserve; et la réserve a cela de particulier, c'est qu'elle ajoute à la confiance.

Dominé par l'honneur et l'intérêt du prince, par l'amour de la liberté fondée sur l'ordre et sur les droits de tous, un ministre des Affaires étrangères, quand il sait l'être, se trouve ainsi placé dans la plus belle situation à laquelle un esprit élevé puisse prétendre.

Cet Éloge, écouté avec admiration, fut couvert d'applaudisse-ments; à la fin, ce fut de l'enthousiasme. J'avais un peu l'air du Re-nard qui, après avoir prêché aux poules et aux oies, se moque de toute la ménagerie, met le Lion dedans et se voit proclamer roi et couronner. N'est-ce pas le triomphe des Sciences *morales* et *poli-tiques*, et ne prouve-t-il pas le Concordat de ces deux classes attelées ensemble, sans échanger des ruades?

À la sortie, je reçus l'ovation, et je traversai la double haie des fronts inclinés; c'était à leur donner le bout de ma griffe à baiser.

Cousin (p. 234) criait en gesticulant: «*C'est du Voltaire! C'est du meilleur Voltaire!*» Il me fit songer à Courtiade, gémissant sur la blanchisseuse de Londres, qui avait emporté toutes mes cravates de mousseline.

Du Voltaire, doucement. C'était ma représentation d'*Irène*; mais le peuple n'en était pas pour dételer mes chevaux et traîner ma voi-ture. Voltaire pouvait dire: *Est deus in nobis.* Sa vie fut un combat et la mienne une partie de whist; il a assisté à son apothéose et est entré vivant dans la postérité; je suis rentré fourbu dans mon hôtel, escorté par les insulteurs qui accompagnent tous les chars de tri-omphe. Châteaubriand a dit: «*C'est à dégoûter de l'honneur*»; et Roy-er-Collard: «*C'est à dégoûter de la vertu.*» J'ajouterai: «C'est à dégoûter des *Éloges.*»

La dernière scène. (p. 235)

Quand l'éternel laboureur trace ses sillons, il en creuse plus au cœur qu'au visage, et on dit que le cœur n'a pas de rides, parce qu'elles sont invisibles. C'est un aphorisme aussi commode qu'il est faux. On devrait composer un dictionnaire avec un choix de ces expressions ridicules, flatteuses et mensongères, comme toutes les fausses monnaies; elles circulent librement dans le monde, où la vraie se cache et se garde précieusement, car les hommes dans leurs marchés, leurs trafics et leurs spéculations, acceptent encore assez volontiers de l'or pur contre du cuivre plus ou moins bien doré. Oui, l'homme vieillit tout entier, et le cœur se dessèche plus vite que le parchemin du visage.

Quand les passions sont amorties, les ambitions éteintes, les plaisirs défendus, quand on ne peut plus commettre ni crimes ni fautes, on a l'air d'être bon et on n'est qu'usé; ce *démon de Retz* était devenu *ce (p.* 236) *bon cardinal,* et de Maistre pourrait aujourd'hui m'appeler dans un autre sens «*ce bon sujet de Talleyrand.*» Si, au déclin de la vie, à cette limite qu'on appelle la seconde enfance et qui n'en a que la faiblesse, le cœur du vieillard semble s'amollir, bien loin d'y voir un retour à la tendresse, on n'y observe que l'humiliation des facultés. C'est là le signe indélébile de la déchéance humaine, le sceau de sa misère. Il y a des trésors de générosité dans la jeunesse; les trésors des vieillards sont d'un autre métal.

On me tourmente beaucoup pour prendre mes dernières dispositions.

Sieyès est mort il y a deux ans, fidèle au Tiers et à la Révolution; il n'était pas de l'ordre de la Noblesse et du Clergé, et chacun prêche pour son saint; mais je n'ai jamais renié mes dieux, Voltaire et la Révolution française.

Je sens que je dois me mettre mieux avec l'Église. Ces temps derniers, la duchesse de Dino, souffrante à la campagne, a demandé les sacrements, et la trouvant passablement, je m'en étais étonné: «*Que voulez-vous, c'est d'un bon effet pour les gens.*» Cette réponse m'a rappelé un mot heureux de Rivarol: «*L'impiété est la plus grande des indiscrétions.*» Il est vrai qu'il n'y a pas de sentiment moins aristocratique que l'incrédulité, et Montrond rit d'avance de ce qu'il appelle «un miracle entre deux saintes.»

Dans (p. 237) cette pensée, j'avais invité à dîner l'abbé Dupanloup, et ma nièce m'apprit que ce jeune prêtre s'était excusé, sous le prétexte qu'il n'était pas homme du monde. «Ma chère enfant, lui dis-je, cet homme ne sait pas son métier.»

L'abjuration des erreurs est facile; ce qui l'est moins, c'est leur réparation effective. Heureusement l'Église a le privilège de digérer le bien mal acquis, et en rentrant dans le giron de cette bonne mère, je garderai le mien.

Je refermerai le dernier cercle religieux comme les autres, et je finirai comme j'ai commencé. Le projet de ma soumission au Pape a été approuvé, et elle portera la date de l'*Éloge de Reinhard.* Qu'on me laisse donc en repos; on peut être tranquille, je jouerai ma dernière scène convenablement et à propos; je ferai le nécessaire quand le moment sera venu, et je mourrai en homme qui sait vivre. Nous n'en sommes pas encore là; je ne me suis jamais pressé et je suis toujours arrivé à temps.

Ne baissez pas le rideau, la farce n'est pas finie:

Cœtera desiderantur.

Paris, Mars 1891.

FIN

TABLE

Note 1: Rien en lui n'était flatteur: une face morte, sans grimace ni sourire, livide et marbrée de taches, sur laquelle se détachaient des sourcils touffus ombrageant le regard perçant de ses yeux gris, le nez en pointe insolemment retroussé, la lèvre inférieure avançant et débordant sur la supérieure, et sa petite figure semblait encore diminuée sous la perruque frisée. Comme il avait mâché beaucoup de mépris, il s'en était imprégné et l'avait placé dans les deux coins pendants de sa bouche. Talleyrand avait la physionomie morale de son portrait.(retour)

Note 2: On sait que Talleyrand est le père naturel du comte de Flahaut, qui eut un fils de la reine Hortense, le duc de Morny.

Le duc avait pour armes parlantes une moitié d'Aigle et un Hortensia brisé, avec cette devise: «*Tais-toi, mais souviens-toi.*»

Cette filiation lui permettait de dire: «J'appelle mon père, Comte; ma fille, Princesse; mon frère, Sire; je suis Duc, et tout cela est naturel.»(retour)

Note 3: La tombe de madame Grand se trouve au cimetière Montparnasse, à gauche, près de l'entrée, 2e division, 1re section, 7e ligne, Nord. Elle a 1m 50 de largeur sur 2 mètres de longueur, et est entourée d'une grille massive en fer forgé, où on voit une couronne de perles noires. Il n'y a plus ni pierre ni inscription, et sur la terre nue, légèrement sablée, pointent quelques brins d'herbe. (*Février 1891.*)(retour)

Note 4: Claude-Philibert-Hippolyte de Mouret, comte de Montrond, n'est pas mort en 1842, comme on le croit généralement, mais beaucoup plus tard, le 30 décembre 1885, à l'Institution Sainte-Périne. Il était dans un complet dénuement, et il ne pouvait payer la pension réglementaire de 1,200 francs qu'au moyen d'une rente viagère que lui servaient d'anciens protecteurs ou d'anciens obligés, ayant pu utiliser les services que M. de Montrond avait l'habitude de rendre plus on moins gratuitement, et même souvent sans y être invité, mais en les imposant parfois à ceux qui aimaient le silence.(retour)

Note 5: Le document qui a circulé est de la fabrique de Perrey, qui excellait à imiter et à contrefaire l'écriture de Talleyrand; mais malgré le soin que celui-ci mettait toujours à faire disparaître les papiers compromettants, *scripta manent*. L'original du Rapport, écrit en entier de la main du ministre, a échappé à la destruction de ces papiers et a été recueilli par le baron de Méneval, qui relate le fait dans ses *Souvenirs historiques*.(retour)

Note 6: Ce mot à la Cambronne n'était pas mâché. Il est attribué à Napoléon par Bertrand et à lord Grenville par Châteaubriand, sous sa forme moins militaire. Il peut avoir été dit par Murat, Launes ou Lasalle, qui caractérisaient ainsi l'impassibilité proverbiale de Talleyrand: «*Son derrière recevrait un coup de pied que sa figure n'en dirait rien.*»(retour)

Note 7: La toilette de nuit de Talleyrand était singulière; il était coiffé de quatorze bonnets superposés, qui formaient un grand échafaudage sur sa petite figure. Sa manière de dormir était en harmonie avec les habitudes de son régime particulier. On lui faisait son lit avec un creux profond au milieu, se relevant aux pieds et à la tête, de façon qu'il était presque sur son séant. Il croyait ainsi se prémunir contre l'apoplexie, et les quatorze bonnets de nuit pouvaient servir de bourrelet en cas de chute nocturne.(retour)